KB060983

300만 원으로
꽃집 창업,
10년 만에
빌딩을 짓다

300만 원으로
꽃집 창업,
10년 만에
빌딩을 짓다

블루로즈, 기적의 꽃으로 꿈을 피우다

이해원 지음

원앤원북스

300만 원으로 꽃집 창업, 10년 만에 빌딩을 짓다

초판 1쇄 발행 2015년 6월 17일
초판 4쇄 발행 2019년 8월 20일
지은이 이해원
펴낸곳 원앤원북스
펴낸이 오운영
경영총괄 박종명
편집 최윤정 · 김효주 · 채지혜 · 이광민
마케팅 안대현 · 문준영
등록번호 제2018-000058호(2018년 1월 23일)
주소 04091 서울시 마포구 토정로 222 한국출판콘텐츠센터 306호(신수동)
전화 (02)719-7735 | **팩스** (02)719-7736
이메일 onobooks2018@naver.com | **블로그** blog.naver.com/onobooks2018
값 14,000원
ISBN 978-89-6060-552-7 03320

* 잘못된 책은 구입하신 곳에서 바꿔 드립니다.
* 이 책은 저작권법에 따라 보호받는 저작물이므로 무단 전재와 무단 복제를 금지합니다.
* 원앤원북스는 독자 여러분의 소중한 아이디어와 원고 투고를 기다리고 있습니다.
  원고가 있으신 분은 onobooks2018@naver.com으로 간단한 기획의도와 개요, 연락처를 보내주세요.

이 도서의 국립중앙도서관 출판시도서목록(CIP)은 e-CIP홈페이지(http://www.nl.go.kr/ecip)에서
이용하실 수 있습니다.(CIP제어번호 : CIP2015015331)

나의 엄마, 이영희 여사님께 이 책을 바칩니다.

신월동 노상에서 생선 궤짝을 깔아놓고 장사하던 시절부터
김장 김치를 손수 담가주시는 지금까지
당신의 강인함과 용기와 희생은
제게 많은 것을 가르쳐주셨습니다.
가슴 깊은 곳으로부터 당신을 사랑합니다.

* * *

엄동설한 눈밭을 뚫고 피어나는 '황금의 꽃'처럼

엄동설한 추운 겨울을 견디고 나면 눈 속에서 제일 먼저 피는 꽃. 바로 노란 '복수초'다. '황금의 꽃'이라 불리는 복수초는 혹독한 겨울을 이기고 차가운 눈이 녹기 전에 가장 먼저 노란 얼굴을 내민다. '황금의 꽃'이라는 별명처럼, 이 꽃은 '부유함'과 '행복'을 상징한다. 제주도 숲 속에서는 하얀 눈을 뚫고 노란 얼굴을 내민 복수초 군락을 흔히 볼 수 있다. 화사하고 예쁜 복수초를 보면 인생의 험난한 골짜기에 혹독한 시련의 계절이 지나간 것을 알 수 있다.

얼마 전 남편이 소원하던 신형 자동차를 뽑았다. 지금까지 타고 다니던 차와는 많은 부분이 달랐다. 빠른 속도에도 승차감이 부드럽고 실내 공기는 항상 쾌적하도록 설계되어 있다. USB에 음악을 담아 꽂으면 바로 들을 수 있는 오디오 시스템이 장착되어 있고 후방카메라가 있어 후진할 때 조바심을 내지 않아도 된다. 의자는 등받이가 편안하며 실내 공간은 조용하고 아늑하다. 시승을 하려고 서울에서 대전, 부산을 지나 순천에 들러 순천만 국제정원박람회를 관람하고 완도에서 배를 타고 제주항으로 왔다. 순천만에 들렀을 때 세발낙지 꼬치구이와 연포탕으로 저녁식사를 하면서 바라본 노을 지는 갯벌의 모습은 한 폭의 그림이었다. 서울에서 낯선 제주 땅으로 내려올 때하고는 비교하지 못할 정도로 우리에게 많은 변화가 있었기에 감회가 새로웠다.

갑자기 곤경에 처해 도망쳐야 할 상황이 되었다. 그런데 산속으로 숨거나 바다를 건너가야 한다면 당신은 어디로 갈 것인가? 산속을 택했다면 인정이 넘치고 착하며 내성적일 확률이 높고, 바다를 택했다면 용기와 열정이 넘치고 외향적일 가능성이 크다. 산이 주는 평안하고 쾌적한 이미지와 바다의 거센 파도가 주는 설렘과 모험적인 이미지를 빗대어 하는 이야기다.

넘실거리는 파도를 보면 겁이 나면서도 왠지 설렌다. 밤바다를 바라보면 무섭다는 생각도 들지만 어두운 밤을 지나 떠오르는 태양으로 붉게 물든 바다는 찬란한 희망을 선사한다. 나는 바다 보다 산을 더 좋아하지만 왠지 제주의 바다를 보면 설렌다. 서울에서 제주까지 달랑 자동차 한 대에 모든 살림을 싣고 바다를 건너온 것을 생각하면 우리 부부는 용감한 도전자의 기질을 타고 났음이 틀림없다.

우연히 시작한 꽃집이었지만 돌이켜보니 그것은 필연이었다. 아무 연고도 없는 제주에서 300만 원을 가지고 꽃집을 시작해 10년 만에 빌딩을 지은 것은 크게 자랑할 일도 아니지만, '플라워몰 스토리'를 통해 우리처럼 어렵게 시작하는 사람들에게 조금이나마 위로가 되고 다시 일어설 수 있도록 용기를 줄 수 있다면 가치 있는 일이라 생각한다.

창업 이야기를 이렇게 쓰게 된 것은 제주에 살면서 겪은 소소한 경험들을 모아 한 권의 책으로 내고 싶은 작은 소망에서 시작되었다. 그런데 쓰다 보니 소자본 창업 성공스토리가 되었다. 이 책의 내용은 우리 부부가 제주도에 입도해 300만 원으로 시작한 꽃집 창업 스토리이지만, '플라워몰'을 함께 운영해오면서 남편의 운영 비법을 옆에서 지켜본 아내의 시각에서 쓴 것이 대부분이다. 성격이 전혀 다른 부부가 함께 일을 한다는 것은 결코 쉬운 일이 아니다. 생각만 해도 가슴이 미어지고 눈물이 나는 시절도 많았기에, 힘든 시절의 이야기는 쓰고 싶지 않은 것이 솔직한 심정이었다. 그러나 독자들에게 실전에서 터득한 노하우와 진솔한 경험들을 털어놓아야 했다. '그것이 책을 쓰는 작가의 의무와 책임이 아닐까?' 하는 생각으로 용기를 내어 차마 말하기 힘든 시절의 이야기들도 꺼내놓았다. 초고를 쓰는 데 한 달이 걸렸다. 타이핑을 시작하니 한달음에 한 권의 스토리가 완성되었다. 그 후 탈고를 하는 과정은 힘들었던 이야기를 어떻게 풀어내야 할지 고민하는 시간들이기도 했다.

돈을 아껴야 했기에 먹고 싶은 것을 참아야 했었고, 신구간(제주의 이사철)에 재활용품으로 내놓은 옷가지와 가구들을 주워왔던 시절도 있었다. 갑작스런 세무조사로 밤을 하얗게 지새운 일도 있었고, 인터넷 광고를 하면서 민형사 사건에 연루되어 나락으로 떨어질 뻔하기도 했다. 장사를 하면서 주경야독하던 시절에는 5살 어린 딸 서진이를 남편에게 맡기고 학교에 갈 때도 많았다. 남편의 외조가 없었다면 대학 졸업이라는 꿈도 이루지 못했을 것이다. 변함없이 내가 하는 일에 든든한 산이 되어주는 남편과 미국에서 공부하고 있는 아들 한규, 고등학생인 딸 서진이에게 감사하다.

또한 이 책에서 가끔 등장하는 서울에 계시는 부모님과 가족들, 특히 해마다 맛있는 김장 김치와 밑반찬을 해주시는 신월동의 전설적인 큰 손이자 대도부동산의 사장님, 엄마에게 사랑과 감사의 마음을 전하고 싶다.

꽃집이 성장하는 길목마다 귀인으로 나타나 도움을 주셨던 조천에 장보익, 장우찬 사장님과 윤한길, 양성임 사장님, 다순구미 님, 하승애 교수님, 김형길 교수님, 김욱동 선생님, 강헌구 교수님, 김태광 작가님과 학창시절부터 지금까지 함께해주신 서영숙 선생님과 친구들에게도 고맙고 감사하다.

누구에게나 나름대로 고통을 이겨내는 방법이 있을 것이다. 우리는 꽃이 주는 향기와 아름다움으로 힘든 시절을 이겨냈고, 제주의 자연 속에서 치유의 시간을 가졌다. 특히 어려움을 극복한 사람들의 진솔한 스토리를 책으로 읽으면서 동기부여를 했다. 우리의 스토리가 미력하나마 독자들에게 위로와 용기를 줄 수 있다면 그동안 힘들었던 시간은 충분히 보상될 것이다.

독자들에게도 이제는 말하고 싶다. 그때 나도 너무 힘이 들었다고, 그러니 당신도 힘을 내라고. 지금의 절실함이 당신을 성장하게 할 원동력이 될 것이라고 말이다.

자연에 봄·여름·가을·겨울, 사계가 있듯이 인생에도 분명 사계가 있다. 올라갈 때가 있으면 내려갈 때도 반드시 있을 것이다. 산이 높아야 골이 깊다고 했다. 시련이 깊은 만큼 좋은 열매가 주어질 것이라 믿는다. 엄동설한을 이기고 눈이 녹기도 전에 노란 얼굴을 화사하게 내미는 황금의 꽃, 복수초처럼 말이다.

아름다운 제주에서
블루로즈 이해원

차례

✳ ✳ ✳

1장
용기: 실패는 새로운 시작의 신호다

2장

도전: 낯선 곳에서 새로운 일을 시작하라

3장

실행: 죽기 살기로 돌파하라

🌞 4장

상상: 한계 없는 상상을 하라

5장

비전: 뉴리치의 꿈에 도전하라

1장

용기:
실패는 새로운
시작의 신호다

절벽 가까이로 나를 부르시기에 다가갔습니다.
절벽 끝으로 가까이 오라고 하셔서 더 다가갔습니다.
절벽에 겨우 발붙여 선 나를
절벽 아래로 밀어버리셨습니다.
그 절벽 아래로 나는 떨어졌습니다.
그제야 나는 내가 날 수 있다는 사실을 알았습니다.

크리스토퍼 로그_시인

운명의 루비콘 강을
건너다

확신과 신념으로 인생은 동화가 된다

제 삶이 동화 같을 거란
생각 자체가 동화죠.
그레이스 켈리

"여보, 지금 통장에 남은 돈이 얼마지?"

"300만 원 남았어요."

전 재산을 탈탈 털어보니 300만 원이었다. 서울에서 제주로 내려온 지 6개월 만에 통장 잔고는 300만 원으로 줄어들었다. 돈이 줄어들 때마다 불안하고 초조해졌다. 당장 현금이 들어오는 일을 하지 않으면 안 될 판이었다.

300만 원으로 할 수 있는 일을 찾다가 시작하게 된 가게가 제주특별자치도 북제주군 조천읍 조천리 8평의 작은 꽃집 '조천화원'이다. 이렇게 시작한 조천화원이 현재 전국에 500여 개의 가맹점으로 구축된 전국 꽃배달 전문점 '플라워몰'의 모태가 된 것이다.

가게에는 방과 부엌이 딸려 있었다. 1년에 '죽어지는 돈'이 180만 원이었다. '죽어지는 돈'이란 제주도에서 쓰는 말로 1년 동안의 임대료를 한꺼번에 내는 '연세'를 뜻한다. 제주에서는 대부분이 월세가 아닌 1년 임대료를 한꺼번에 받는 연세를 택한다. 1년 임대료 180만 원을 내고 엄동설한 12월에 가게를 꾸미고 집기를 구입하고 나니, 통장 잔고는 '제로'가 되었다. 바로 다음 날부터 돈을 벌지 않으면 굶어 죽게 된 것이다.

IMF를 몇 년 앞둔 1995년 여름, 절망의 벼랑 끝에 선 한 남자가 있었다. 남자가 6년 동안 경영하던 신문사는 광고 수주가 끊기면서 심각한 경영난을 겪고 있었다. 거래처에서 받은 부도난 가계수표가 발단이 되어 집 안에 있는 모든 가구는 빨간 딱지로 도배되고 그는 하루아침에 거리로 나앉게 되었다. 신문사 문을 닫으며 끝없는 나락으로 떨어진 그는 만신창이가 된 가슴을 날마다 술로 달랬다. 알코올중독자처럼 속수무책으로 세월만 보내다가 설상가상 음주운전으로 면허까지 취소되었다.

결국 6년 동안 운영해온 신문사를 선배에게 넘기면서 모든 것을 잃고 말았다. 이제 남자는 빈털터리였고, 신용불량자로 전락

해 채권추심까지 받게 되었다. 그야말로 절망의 벼랑 끝에 선 것이다. 그는 지푸라기라도 잡는 심정으로 신문사를 운영할 때 LA 지국장으로 미국에 건너간 K에게 연락했다. K는 미국에서 자리를 잡고 사업을 하고 있었다. 전화를 하니 미국에서는 할 일이 많다며 얼른 미국으로 건너오라고 했다. 남자는 선택의 여지없이 미국행을 결정했다. 동생이 여비로 준 450만 원이 그의 전 재산이었다. 그런데 막상 미국행을 결심하고 공항에 가서 출국수속을 위해 여권을 제출하니 여권의 유효기간이 지났다는 공항직원의 말을 듣게 된다. 여권 재발급을 받으려면 일주일이 걸린다.

일주일이라는 시간! 이 시간이 남자의 운명을 바꿔놓았다. 신문사를 운영하면서 편집 기자로 함께 일했던 여자에게 무슨 이유에서였는지 전화를 한 것이다. 함께 술을 마시면서 일련의 모든 상황을 이야기했다. 술기운이 온몸에 흐르자 여자는 남자가 한없이 불쌍하게 보였다. 남자가 말했다.

"어차피 바다 건너 가는 건 마찬가지인데, 혹시 내가 제주로 가자고 하면 갈래?"

"제주도요?"

"그래, 제주도 말이야."

"영어는 잘 못하니까 미국보다는 제주도가 살기 좋겠네요."

지금 생각해보면 말도 안 되는 소리 같지만 술기운에 여자는 제주행을 결심했다. 눈에 뭔가가 단단히 씌운 것이다. 운명이란 이렇게 예고도 없이 어느 날 갑자기 다가오는가 보다. 빈털터리 남자를 따라 25년 동안 한 번도 떠나본 적이 없던 서울을 떠나기로 결심했으니 말이다. 그것도 15년이나 연상인 남자를 따라서… 아무런 의논도 없이 제주행을 결심한 것이 부모님과 친구들에게 너무나 죄송하고 미안했지만 그런 용기가 어디서 나왔는지 지금 생각해도 신기하기만 하다.

시작은 초라하고 불안했지만 한편으로는 설렜다. 두 남녀가 바다 건너 제주도를 택한 것은 '용기'와 '도전'이었다. 서울을 떠나 바다를 건너가서 섬에 산다는 것은 단 한 번도 생각해본 적이 없었다.

1995년 8월 3일 이른 아침, 이렇게 해서 지금의 남편과 나는 제주로 출발했다. 무식하면 용감하다고 했던가? 때론 아무것도 모르는 것이 나을 때가 있다. 우리가 용감하게 제주행을 택한 것처럼 말이다. 낡은 자동차 한 대에 겨우 두 사람이 탈 자리만 남겨놓고 살림살이를 최대한 많이 실었다. 서울에서 대전을 지나 광주까지 갔는데, 자동차 에어컨이 고장 나는 바람에 무더위와 싸우면서 고생 끝에 완도에 도착했다.

완도에서 배를 타고 제주로 향하며 바다를 바라보니 가슴이 탁 트였다. 제주에서 불어오는 바람과 함께 하나둘씩 등을 밝히며 나타나는 갈치잡이 배들이 정말 아름다웠다.

"그래, 우리 제주를 한번 탈환해보자!"

"그래요, 할 수 있을 거예요! 우리 힘을 합쳐 제주에서 보란 듯이 크게 성공해요!"

우리는 손을 꼭 잡고 다짐하면서 제주 바다를 건너고 있었다. 어떤 일을 하더라도 꼭 성공할 수 있을 것이라는 확신과 신념이 우리에게는 있었다. 바다에서 바라본 제주도의 느낌은 낯선 곳에 대한 호기심과 함께 설렘으로 다가왔다. 한편으로 흥분도 되었다. 이렇게 우리는 제주의 아름다운 바다를 바라보면서 돌아갈 수 없는 운명의 루비콘 강을 건너가고 있었다.

제주에 아는 사람이라곤 활어차를 운전하는 남편의 친구 영빈 씨뿐이었다. 제주항에 도착하자 영빈 씨가 덜컹거리는 트럭을 타고 나타났다. 숨쉬기 힘들 정도로 많은 살림을 실은 좁은 자동차 안에서 2박 3일 동안 웅크리고 앉아 온 터라 우리는 지칠 대로 지쳐 있었다. 그런 우리에게 영빈 씨는 제주 시내에 있는 한우 전문식당에서 저녁을 푸짐하게 대접했다. 잘 차려진 밥상을 보자 기운이 절로 났다. 제주에서 처음 먹은 '한우 한 마리'는 환상적인 맛이었다. 저녁을 먹고 공항 인근에 위치한 여관에 여장을 풀었다. 한여름에 에어컨도 없는 방은 덥고 답답했지만 피곤했던 우리는 바로 잠이 들었다.

처음 제주도로 올 때 우리가 가지고 있던 돈은 남편 동생이 마련해준 450만 원과 내 적금통장의 1천만 원으로 총 1,450만 원이었다. 그런데 이 돈이 300만 원으로 줄어드는 데는 6개월 밖에 걸리지 않았다. 제주에 온 지 6개월 만에 전 재산이 300만 원으로 줄어든 것이다.

남편을 따라 제주로 오기 전까지 나는 내 인생에도 영화 〈그레이스 오브 모나코〉에서의 그레이스 켈리처럼 어느 날 백마 탄 왕자님이 나타날 거라 믿었다. 하지만 영화에서 그레이스는 이렇게 말한다.

"제 삶이 동화 같을 거란 생각 자체가 동화죠."

아름답고 우아한 이미지로 많은 사람들에게 사랑을 받던 '할리우드의 여신' 그레이스 켈리는 모나코의 왕자 레니에 3세와 세기의 결혼식을 올리고 할리우드를 떠난다. 하지만 답답한 왕실 생활에 그녀는 서서히 지쳐가고, 그러던 중 히치콕 감독이 그녀에게 영화계 복귀를 제안한다. 마음이 흔들리는 그레이스에게 터커 신부는 이렇게 조언한다.

"영화배우, 그레이스 켈리. 진정한 사랑에는 책임이 따릅니다. 모든 동화는 끝나기 마련이에요. 이제 그 누구도 아닌 자기 자신과 가족들을 위해 사셔야 합니다. 불가능한 일도 극복하기 마련입니다."

그레이스 켈리는 터커 신부의 조언대로 왕비의 역할을 충실히 하며 동화처럼 살다가 생을 마감한다. 내 인생에도 백마 탄 왕자

님이 오기를 기다렸건만 '백마' 대신 '낡은 자동차'를 타고 나타
난 남자로 인해 처음부터 순탄치 않은 동거가 시작되었다. 그러
나 다행히도 그에 대한 사랑과 믿음이 있었다. 운명의 루비콘 강
을 건너면서 그레이스처럼 내 선택에 후회하지 않고 책임을 다
하리라 다짐했다.

　동화가 아름답게 끝날 것이라는 믿음이 있으면 아름답게 끝날
것이다. 중요한 것은 의심하지 않는 '확신'과 '신념'이다. 이 2가
지만 있으면 "진정으로 원하면 동화는 이루어져요. 열정적이고
진실하게 산다면요."라고 말한 그레이스 켈리처럼 자신의 인생도
동화처럼 펼쳐질 것이다.

내 인생의 다이아몬드,
제주도

사려니숲길에서 힐링하고 보물을 발견하다

꿈꾸는 자가 아니라
떠나는 자만이 목적지에 이를 수 있는 법이다.

이해원

제주도에 도착한 첫날은 정신없이 지나가고 둘째 날이 밝았다. 우리는 아침 일찍 여관을 나왔다. 아무 계획도 없이 왔기 때문에 일단 제주도를 한 바퀴 둘러보기로 마음먹었다. 제주에는 한 번도 와본 적이 없었던 터라 사람들이 말을 타고 다니거나 소달구지가 거리를 활보하는 섬일 것이라 막연히 상상했었다. 그런데 막상 와보니 자동차가 다니고 빌딩도 있는 도시가 제주시 한가운데 펼쳐져 있었다. 나에게는 이런 제주의 도시 풍경이 신기하기만 했다.

28

제주시에서 5·16도로를 타고 서귀포로 향했다. 잘 우거진 숲길을 20여 분 지나자 교래 방면으로 삼나무 숲길이 펼쳐졌다. 좁은 길 양쪽으로 5m가 넘는 삼나무들이 우리를 환영이라도 하듯 빼곡히 서 있었다. 진녹색의 삼나무 길은 마치 신세계로 들어가는 입구 같았다. 5분쯤 천천히 차를 몰다가 이국적인 정취를 도저히 그냥 지나칠 수가 없었다. 우리는 길 한쪽에 차를 세우고 오른쪽으로 난 오솔길을 걸어보았다.

언젠가 〈엠마오로 가는 두 제자〉라는 성화聖畫를 본 적이 있는데 흡사 그 그림에 나오는 길과 같은 푸른 길이 펼쳐졌다. 평지에 펼쳐진 길은 각양각색의 다채로운 나무와 풀로 뒤덮여 싱그러움을 자랑하고 있었다. 우리는 여행자가 된 기분으로 숲길을 걸어보기로 했다. 싱그럽고 향긋한 숲 속의 공기가 온몸으로 다가왔다. 시원한 물소리와 특이한 새소리가 우리에게 말을 건네는 듯했다. 딱히 여행 경험이 없는 우리는 자연이 주는 신선함에 매료되었다. 걷다 보니 서울에서는 볼 수 없는 뱀들도 종종 보였다. 뱀은 건들지 않는 한 먼저 물지 않는다는 말을 듣고 조심스럽게 지나갔다. 우리가 걸었던 아름다운 숲길은 알고 보니 '사려니숲길'이었다.

'사려니'란 산山을 뜻하는 제주 방언 '솔'에 안內을 뜻하는 '안이'가 붙어 '솔아니'로 불려오다가 '소래니'에서 '소려니'로, 다시 '사려니'로 바뀌어 불리면서 붙여진 이름이라고 한다. 8월의 한여름인데도 숲길에서는 시원한 바람과 함께 식물들의 향기가 퍼지면서 신성한 기운까지 감돌았다. 그래서인지 머리가 맑아지고 저절로 상쾌해지는 기분이 들었다. "내가 만일 왕이라면 이곳 사려니숲길을 폐쇄해 왕을 위한 전용 정원으로 삼을 것이다."라는 말이 전해질 정도로 사려니숲길은 아름다웠다.

학창 시절 나는 유난히 걷기를 좋아했다. 토요일이면 서울 목동에 있는 신정여중에서 신월동 집까지 가끔씩 걸어가곤 했다. 가로수로 늘어선 플라타너스 나무에 단풍이 들어 가을의 쓸쓸함이 무르익을 때면 어김없이 버스를 타지 않고 걸어서 집에 왔다. 걸으면서 많은 생각을 하던 기억이 난다. 이제 와 돌아보면 나는 어릴 적부터 걸으며 생각하기를 좋아했던 것 같다. 사회생활을 하면서부터 걷는 즐거움을 까맣게 잊고 살았는데 제주의 숲길을 걸으면서 걷는 기쁨을 다시금 맛보았다.

숲길 중반쯤에 오름이 있었다. '오름'이란 한라산의 나지막한 기생화산을 말하는데 제주에는 이런 오름이 360여 개가 넘게 분포되어 있다. 능선을 따라 10분 정도 걸어 작은 오름에 올랐는데 정상에 펼쳐진 호수의 풍경이 장관이었다.

물 위로 아지랑이가 아물아물 피어오르고 산신령이라도 내려올 것 같은 호수의 신비스런 자태가 드러났다. 보물이라도 발견한 사람들처럼 우리는 탄성을 질렀다. '도시 촌놈'이라고 했던가?

도심에서는 도저히 느낄 수 없는 자연이 주는 황홀경과 만난 순간이었다. 그때 우리가 올랐던 오름은 호수가 아름답기로 유명한 '물찻오름'이었다.

약 15km의 숲길을 걷는 동안 발길이 닿는 곳마다 하늘빛 산수국이 무더기로 피어 있었고 땅에는 민달팽이가 기어 다니고 있었다. 한창 걷다가 바스락거리는 소리에 놀라 돌아보면 노루가 초롱초롱한 눈으로 우리를 신기한 듯이 뚫어져라 바라보고 있었다. 가도 가도 평지로 된 숲길이었다. 한참을 걸었는데도 전혀 힘이 들지 않았다. 오히려 더 힘이 났다. 나무에서 나오는 피톤치드와 이름 모를 꽃들의 향기로 피로가 다 풀린 것이다.

그러고 보니 벌써 서울을 떠나온 지 3일이 되었다. 내려오면서 차를 고치고 숙박비를 지불하는 데 50만 원이 들어갔다. 남은 돈은 1,400만 원. 생각보다 돈이 빨리 줄어드는 것 같아 조바심이 났다. 순간 막막한 미래에 대한 불안감과 두려움이 밀려왔다. 그러나 4시간 이상 계속되는 숲길을 걸으면서 혼란스러웠던 머릿속이 정리되고 불안감이 희망으로 바뀌는 신기한 체험을 했다. 사려니숲길을 걷고 난 후 나는 트레킹 마니아가 되었다. 그 후로는 무슨 일이 있을 때마다 걸으면서 생각했다. 걷고 나면 힐링이 되고 생각도 정리되는 신기한 일이 계속 일어났다.

제주에 올레길을 만든 '제주올레' 서명숙 이사장. 그녀에게 올레길에 대한 이야기를 들을 기회가 있었다. 그녀는 23년간의 기자 생활을 그만두고 스페인의 800km나 되는 산티아고 길을 무려 40일 동안 걸어서 여행을 마쳤다. 그 여행 후 서울 생활을 정리하고 고향인 제주로 내려와 정착했다. 그러고는 제주 올레길을 만들어 대한민국에 올레 트레킹 열풍을 이끌어냈다. 그녀는 산티아고에서 걷기를 통해 행복을 만끽하면서 인생의 터닝 포인트를 만났다. 영국에 살고 있는 헤니라는 여자를 만난 것이다. 그녀와 산티아고 길을 걸으면서 행복을 느꼈고, 그 행복을 다른 사람들에게도 나눠주어야겠다는 생각을 했다.

헤니는 서명숙 이사장에게 말했다.

"우리, 자기 나라로 돌아가서 각자의 까미노(길)를 만드는 게 어때? 너는 너의 길을, 나는 나의 길을."

그녀의 말에 서명숙 이사장은 번개를 맞은 기분이었다고 한다. 바로 그 순간 어릴 적 뛰놀던 고향, 제주의 길을 떠올렸다. 제주의 길을 걷는다? 푸른 바다를 끼고 걷는 길, 원시림이 보존된 곳 자왈이라 불리는 제주의 속살을 들여다보면서 걷는 길, 제주의 길은 도보 여행을 즐기는 여행자들에게는 프리미엄급 트레킹 코스였던 것이다. 바다를 보면서 걷는 길은 분명 산티아고의 길보다 더 아름다운 길이 될 것이라는 생각이 들었다.

한라산 끝자락 해발 600m 지점에 있는 사려니숲길은 제주의 보물 같은 곳이었다. 제주에서 처음 알게 된 숲길을 걸으면서 자연스레 제주는 우리의 마음속에 따스한 햇살처럼 들어왔다. 알고 보니 제주도는 섬 전체가 아름답게 빛나는 다이아몬드 광산 같은 곳이었다. 바로 그 제주도 한라산의 한 자락을 밟고서 우리는 서 있었다. 그때는 몰랐지만 우리가 도착한 섬은 세계자연유산으로 지정된 최고의 '힐링 트레킹 코스'가 있는 대한민국의 보물섬이었던 것이다.

때론 익숙한 곳을 과감하게 떠나보자. 용기를 내어 멀리 갈수록 자기 자신과 마주하게 된다. 떠나는 것만으로도 새로운 세상을 접하고 인생의 터닝 포인트를 만날 수 있다. 산티아고 길을 40일 만에 완주한 후, 제주에 '올레길'을 만든 서명숙 이사장처럼 우리 역시 제주도에서 인생의 터닝 포인트를 맞이하고 있었다.

연필은 쓰던 걸 멈추고
몸을 깎을 때도 있다

노상에서 잠을 자고, 서 있는 차를 박으면서도 즐긴다

> 사랑은 늘 우리를 어딘가로 데리고 간다.
> 그곳은 때로 천국이 될 수도 있고
> 때로는 지옥이 될 수도 있다.
>
> **파울로 코엘료**

다음 날 서귀포로 넘어오니 제주시에 비해서 도로가 한적했다. 관광지에만 사람들이 북적거리고 있었다. 몇 군데를 둘러보고 천지연 폭포로 향했다. 그때까지 집을 구하지 못한 우리는 저녁이 되자 어디서 잠을 잘까 고민했다. 얼마 안 되는 돈을 숙박비로 쓰는 것이 아까웠다. 한 푼이라도 아껴야 한다는 생각으로 지출하는 것을 꼬박꼬박 수첩에 적고 있었다. 돈이 계속 줄고 있어서 마음이 편하지 않았다.

천지연 폭포에 도착해서 물소리를 들으면서 주차장에 돗자리를 폈다. 그리고 누워서 하늘을 바라보았다. 숙박비도 아낄 겸 폭포 옆에서 잠을 청하는 것도 괜찮을 거란 생각이 문득 들었다. 무더운 8월의 한가운데서 쏟아지는 폭포 소리는 시원했다. '이런 상황이 아니면 언제 노상에서 잠을 자보겠나.' 하는 생각도 들었다. 다소 걱정은 되었지만 철이 없어서인지 한편으로는 마치 소풍 나온 아이처럼 마음이 들떠 있었다. 훗날 좋은 추억이 될 것이라는 명분하에 우리는 마치 노숙자처럼 주차장에 돗자리를 펴고 누워 쏟아지는 별을 바라보면서 잠을 청했다.

파울로 코엘료는 『흐르는 강물처럼』에서 이렇게 말했다.

"연필은 쓰던 걸 멈추고 몸을 깎아야 할 때도 있어. 당장은 좀 아프더라도 심을 더 예리하게 쓸 수 있지. 너도 그렇게 고통과 슬픔을 견뎌내는 법을 배워야 해. 그래야 더 나은 사람이 될 수 있는 거야."

코엘료가 말하는 '몸을 깎는 시간'은 생각보다 길었다. 폭포 소리가 아련히 멀어지더니 금세 새벽이 되어 이슬의 기운을 느끼며 일어났다. 근처에서 아침을 간단하게 먹고 제주시로 넘어가기 위해 서둘러 길을 나섰다.

5·16도로에 들어서자 매우 꼬불꼬불한 길이 이어져 있었다. 나뭇가지들이 울창하게 우거져서 하늘을 덮고 있는 이 길은 '숲터널'이라고 불리는 아름다운 길이었다.

멋진 풍경에 심취해 넋을 잃고 있었는데 갑자기 운전대를 잡고 있던 남편이 잠이 온다고 했다. 할 수 없이 내가 운전대를 잡았다. 한참을 가고 있는데 잠이 온다던 남편은 자지는 않고 "천천히 달려! 운전을 이상하게 한다."라며 잔소리를 시작했다. 나는 평소 운전을 제법 잘한다고 생각하는데, 남편 옆에서 운전대를 잡으면 긴장을 하고 실수를 할 때가 많다. "잘 가고 있으니 잠이나 자요!"라고 말하는데도, 시내로 들어설 때까지 잠은 안 자고 계속 잔소리를 한다.

그러다 얼마 지나지 않아 올 것이 오고야 말았다. 퍽 소리가 나더니 앞서 신호 대기중이던 택시를 들이박고 말았던 것이다. 우리 차는 앞부분 범퍼가, 택시는 뒷부분 트렁크가 찌그러졌다. "오 마이 갓!" 세상에, 운전 경력 5년 만에 처음 사고를 냈다. 사고가 났지만 남편은 의외로 굉장히 침착했다. 택시 기사가 차에서 나와 어떻게 할 거냐고 따졌다. 일단은 자동차 정비소에 가서 견적을 받아보기로 하고 차를 이동했다. 그러고는 택시 기사 일당까지 150만 원에 합의를 보고 나왔다. 다행히 다친 곳은 없었지만 아직 시작도 하지 않은 상황에서 순식간에 150만 원이 공중으로 사라졌다.

제주도에 온 지 4일 만에 200만 원을 써버렸다. 잔고를 확인해보니 1,200만 원으로 줄어 있었다. 입도하는 순간부터 '돈'에 민감해지기 시작했다. 한 푼도 벌지 않고 쓰기만 하고 있으니 당연한 것이겠지만, 이제는 여행자가 아닌 생활자로 돌아서야 한다는 생각에 마음이 무거워졌다. 완전히 새로운 곳에서 일을 시작해야 한다는 생각이 머릿속을 가득 채웠다. 한편으로는 막상 무엇을 시작해야 할지 암담했다.

성공한 CEO(최고경영자)들은 도전과 열정으로 자신의 인생을 만들어간다. 아무리 암담한 상황일지라도 그들은 결코 낙심하지 않고 절망 속에서도 항상 한 줄기 빛을 찾는다. 그리고 항상 긍정적으로 생각한다. 남편은 그런 CEO 유형이었다. 하지만 나는 다소 부정적이어서 걱정을 사서 하는 편이다. 남편은 어떤 상황에서도 긍정적으로 생각하고 걱정을 하지 않는다. 가끔은 지나치게 낙관적인 남편을 이해할 수 없어서 신기하기까지 할 때가 있다. 지금에 와서 생각해보면 그런 남편의 초긍정적인 성격 덕분에 제주에서 성공할 수 있었다는 생각이 든다.

영국의 자산 순위 5위 안에 드는 버진 그룹의 창립자이자 억만 장자 리처드 브랜슨, 그는 『내가 상상하면 현실이 된다』에서 성공에 대해 이렇게 말한다.

"내가 지금까지 무엇이든 잘해왔고 사업적으로도 상당한 성공을 거두었음은 부인하지 않겠다. 택시 기사나 저널리스트, 라디오 진행자들은 내게 어떻게 돈을 잘 버는지 비결을 묻곤 한다. 사실 그들이 정말 알고 싶은 것은 '자신이' 돈을 벌 수 있는 방법이다. 누구나 백만장자가 되기를 원하기 때문이다. 그런 질문에 대한 나의 대답은 늘 똑같다. 내게 비결 같은 것은 없다. 사업을 할 때 꼭 지키는 규칙도 없다. 단지 열심히 일하고, 무언가를 할 때는 항상 할 수 있다고 믿을 뿐이다. 무엇보다도 즐기려고 노력한다. 일과 재미는 조화를 이루어야 한다. 그제야 비로소 '즐긴다'고 말할 수 있다."

난독증을 이겨내고 세계적인 기업가로 성공한 리처드 브랜슨은 상상력과 도전 정신, 그리고 할 수 있다는 신념이 성공의 원동력이라고 강조한다.

나는 리처드의 '철들지 않은 도전 정신' 또한 그가 성공하는 데 일조했다고 생각한다. 용기를 가지고 도전하려면 이성적으로 생각해서는 안 될 때가 있다. 오히려 철들지 않은 호기심을 가지고 새로운 일에 도전해야 한다. 물론 거기에는 위험이 따른다. 하지만 위험을 감당할 수 없다면 그 어떤 발전도, 성공도 기대할 수 없다. 만일 실패한다고 해도 최소한 소중한 경험이라는 자산이 남을 것이다.

나는 위험을 안고 철없이 도전과 모험을 즐기는 남편과 함께했다. 하루는 남편에게 "2년 안에 롤렉스 시계 사줄 거지?"라고 물었다. 그러자 남편은 웃으면서 자신만만하게 대답했다. "그래! 꼭 롤렉스 시계를 손목에 채워줄게!"

나는 남편이 반드시 시계를 사주겠다는 약속을 지킬 것이라 믿었고 내 손목 위에 채워진 롤렉스 시계를 상상했다. 그리고 남편은 10년 만에 그 약속을 지켰다.

어느 날 예고도 없이 선택의 기로에 놓일 때가 있다. 이때 나는 진정으로 마음의 소리를 따라 도전해보라고 말하고 싶다. 만일 당신이 지금 위기나 갈등 속에서 선택의 기로에 서 있다면, 당신의 잠재력을 이끌어낼 기회라고 생각하라. 제주에 오게 된 것은 지금 생각해도 신기한 일이다. 나는 갈등 속에서 마음의 소리를 따라 제주행을 선택했다. 그것은 이성적으로는 도저히 납득이 되지 않는 일이었다.

아직 철이 들지 않아 선택할 수 있었던 것 같기도 하다. 단지 마음속 깊숙이 들려오는 소리를 따라갔을 뿐이다. 물론 제주에 와서 우여곡절이 많았지만 결코 후회하지는 않았다. 지금도 갈등과 선택의 기로에 놓이게 되면, 마음이 시키는 소리를 따라 선택하려고 노력한다.

조용히 가슴에 손을 얹고 마음의 소리를 들어보라. 마음속 깊은 곳에 귀를 기울이면 속삭이는 소리가 있다. 바로 그것이 내게 들려오는 '마음의 소리'다.

움직임과 변화로
성장한다

토마토와 감귤 농사는 포기해도 '커널'처럼 웃는다

누구나 자신의 마음을 믿는다면
그 마음이 성취를 도울 것이다.

나폴레온 힐

'토마토 농장 관리, 숙박 가능, 부부 환영, 월 120만 원.'

정보지를 보고 찾아간 곳은 서귀포 토평동의 토마토 농장이었다. 주인을 따라 농장 안으로 들어갔다. 토마토가 주렁주렁 매달려 있는 비닐하우스 안은 사우나를 방불케 했다. 하우스 안에 가득 찬 뜨거운 열기로 숨을 쉬기가 힘들 정도였다.

"농사 지어봤나요? 여기에 살면서 농장 관리를 하면 돼요."

"네, 고향에 있을 때 많이 지어봤어요."

남편은 농사를 지어보았다고 당당하게 말했다. 한참을 가서 허름한 창고로 보이는 숙소로 들어서자 퍽 소리와 함께 바닥이 꺼졌다. 문짝이 떨어져 있었고 벽에는 지네와 돈벌레가 기어 다녔다. 남편은 얼굴이 벌게져서 빠른 걸음으로 나왔다. 그러고는 질색하며 도저히 여기는 안 되겠다고 했다. 문짝과 마룻바닥은 수리하고 벌레는 해충퇴치기로 박멸한다고 해도 하우스 안의 푹푹 찌는 찜통더위에는 대책이 없었다. 그렇게 처음 일자리를 찾으러 간 농장에서 벗어나자 막막함이 밀려왔다.

그리고 다른 곳의 농장 주인과 한참을 통화한 다음에 겨우겨우 찾아간 곳은 한라산 중턱 산골짜기에 있는 감귤 농장이었다. 얼마나 깊이 들어갔는지 지금 찾아가보라고 해도 길을 찾지 못할 정도다. 감귤 밭에는 판자로 지어진 개집들이 즐비하게 있었다. 우리가 들어서자 사납게 생긴 개들이 컹컹 짖기 시작했다. 으스스한 분위기를 풍기는 게 영화에서나 나올 것 같은 곳이었다. 어디선가 애꾸눈의 산적이라도 나오면 딱 공포 영화였다. 인기척이 나자 얼굴이 시커먼 주인 남자가 나와서 근무 조건을 말했다.

"이곳에서 감귤 농사를 짓는 일입니다. 개는 마음대로 키워도 됩니다. 수확한 이익의 70%를 갖고 내게 30%를 주면 됩니다. 어떻습니까?"

"아 네, 생각해보겠습니다."

일단 대답을 하고 나서 농장을 나왔다. 인적 없는 산속을 빠져나오면서 둘러보니 사방으로 키가 큰 편백나무들이 빼곡히 서 있었다. 멀지 않은 곳에 한라산 꼭대기가 보였다. 내가 말했다.

"여기는 너무 깊은 산골짜기라 무서워서 못살 것 같아요. 밤이면 개 짖는 소리와 까마귀 소리만 들릴 텐데…. 그리고 농장 주인 아저씨도 무섭게 생겼고요."

"그래, 실은 농사는 짓겠지만 인적 없는 산중에선 나도 무서울 것 같아."

덩치가 산만 한 남편도 무섭다는데, 감귤 농장에서 일하는 것은 포기다. 두 번째로 찾아간 농장에서 나오자 다리에 힘이 풀리고 의욕도 사라졌다. 아무래도 농장에서 일을 하는 것은 포기해야겠다는 마음이 들었다.

그 이후로도 남편은 간판 가게, 가스 배달 등에 이르기까지 여기저기 이력서를 내고 면접을 보았지만 매번 나이가 많다는 이유로 거절당했다. 취직도 못한 채 시간만 흘러가고 있었다. 제주에서의 낮과 밤은 갈수록 암담해졌다.

정보지를 통해 처음 자리 잡은 곳은 제주시 연동에 있는 보증금 100만 원, 월 30만 원을 내야 하는 10평짜리 오피스텔이었다. 월세 30만 원은 그때 상황에서 엄청난 부담이었다. 11층이라 경관은 좋지만 우리에게 필요한 것은 경관이 아니라 저렴한 가격의 월세방이었다. 날씨가 흐린 날은 창밖에서 바람 소리가 귀신 소리같이 스산하게 들리는 날이 많았다. 지금은 제주도 날씨가 그때에 비해서 많이 좋아진 것 같다. 그 당시에는 왜 그렇게 날씨가 흐리고 바람이 많이 불던지, 제주에 바람이 많다는 말을 날마다 실감했다.

농장 일도 포기했고 취업은 더 힘들겠다는 생각이 들었다. 정보지를 뒤적거리다가 '배운 게 도둑질'이라고 제주 지역의 신문·광고·인쇄 시장이 어떤가를 조사해보기로 했다. 먼저 제주에 일간지가 몇 군데 있는지를 알아보았다. 그러고 나서 신문을 직접 발행해온 남편의 경험과 취재·편집부터 광고 영업까지 해본 나의 경력을 바탕으로 과감히 광고인쇄업에 뛰어들었다.

최소한의 경비로 사무실 비품을 마련하고 우리가 살고 있는 오피스텔에서 광고인쇄업을 준비하기 시작했다. 제주에는 〈제주일보〉 〈제민일보〉 〈한라일보〉, 이렇게 3개의 일간지와 광고 전문지인 〈오일장신문〉과 〈교차로신문〉이 있었다. 제주도에 사는 사람이라면 보통은 3대 일간지 중 하나는 구독하고 있었다. 〈오일장신문〉과 〈교차로신문〉은 구인·구직과 임대, 부동산 등의 정보를 제공하는 광고 전문지였다. 우리는 '수익성이 높을 것 같은 광고 전문지를 만들어보면 어떨까?' 하고 생각했다.

그런데 당시 J신문사의 편집장을 만나 이야기하던 중에 제주에는 '궨당'이라는 문화가 있다는 것을 알게 되었다. 궨당은 '돌보는 무리'라는 뜻인 권당眷黨의 제주 사투리로, 친족과 외족 등 멀고 가까운 친척을 일컫는 말이다. 혼례와 장례를 비롯한 대소

사가 있을 때 모여서 돕고 격려하며 정분을 쌓는 것이 관습화된 것이다. 괸당 문화는 제주의 사회적·지리적 특성상 섬이라는 고립된 지역에서 오랫동안 함께 살면서 얽히고설킨 인맥이 낳은 결과물이기도 했다. 제주에서 한두 달만 지내봐도 제주 사람들은 전 지역으로 사돈의 팔촌까지 거미줄처럼 연결되어 있다는 것을 자연스럽게 알 수 있다.

오전에 제주시에서 만난 사람을 오후에 서귀포시에서 만나게 되는 경우도 다반사다. 접촉 사고가 나도 절대 싸우면 안 된다. 한 다리만 건너면 다 아는 사람들이다. 정치적으로는 이 당 저 당 해도 괸당이 최고라고 할 정도로, 그 어떤 거대 정당이라도 떨게 한다는 괸당! 철통 같은 괸당 문화 앞에서 외지에서 온 우리는 망설일 수밖에 없었다. 제주는 괸당이라는 네트워크에 의존한 광고 영업으로 신문을 만들고 있었고 게다가 광고료도 상당히 저렴했다. 아무리 생각해도 타산이 맞지 않았다.

시행착오를 겪을수록 많은 비용이 발생한다. 확률적으로 '광고 인쇄업은 아니다.'라는 생각이 들었다. 빨리 접어야 한다는 판단을 내렸고 바로 인쇄업 준비를 중단하고 다른 직업을 찾기 시작했다. "시작이 반이다."라는 말이 있다. 하지만 그때 우리에게는 시작이 전부였다. 결과를 구체적으로 상상할 수 없다면 실패할 가능성이 크다. 가야 할 곳을 알고 가는 사람과 그렇지 못한 사람의 차이는 갈수록 벌어진다. 승산이 있을 것이라는 확신 없이 무모한 도전을 할 만큼 우리의 자본은 녹록지가 않았다.

광고인쇄업을 중도에 접고 난 후 우리의 재산은 제주 입도 한 달 만에 450만 원이 날아갔고 통장에는 1천만 원이 남았다. 이대로라면 두 달 뒤 오도 가도 못하는 알거지가 될 것이라는 생각에 처음 가졌던 자신감은 조금씩 움츠러들기 시작했다.

우연히 펼친 책에서 읽은 미국의 한 노인 이야기가 우리에게 희망을 주었다. 그는 65세의 나이에 파산해 모든 것을 잃고 수중에 남은 돈 105달러를 가지고 사업을 시작했다. 65세의 노인이 단돈 105달러를 가지고 무엇을 새로 시작할 수 있을까? 이 노인은 낡아빠진 자신의 트럭에 남은 돈을 몽땅 털어서 산 압력솥을 싣고 길을 떠난다. 그동안 레스토랑을 운영하며 꾸준히 개발해온 독특한 조리법을 팔기 위해서였다. 트럭에서 잠을 자고 주유소 화장실에서 면도를 하며 전국을 돌았다. 1,008번의 거절 또 거절. 허름한 이 노인에게 로열티를 지급하고 조리법을 사줄 사람은 쉽게 나타나지 않았다.

2년간의 힘든 시절이 지나가고 드디어 그의 요리법을 사겠다는 사람을 처음으로 만나게 되었다. 세계적인 치킨 프랜차이즈 KFC Kentucky Fried Chicken 1호점이 탄생하는 순간이다. 105달러의 사업 자금으로 치킨 프랜차이즈 시스템을 시작한 65세의 노인. 바로 켄터키 프라이드 치킨을 세운 전설적인 '커널 할랜드 샌

더스^{Colonel Harland Sanders}'다. 현재 약 100개국에 1만 3천여 개의 KFC 매장이 있다. 그리고 모든 매장 앞에는 흰 양복을 깔끔하게 차려입은 커널이 어김없이 웃고 있다.

우리는 새로운 일을 다시 찾기로 했다. 우리는 백발의 노인도 아니고 사회 보조금으로 연명하는 처지도 아니다. 커널보다는 나은 시작점이라는 생각으로 마음을 다잡고 다짐했다. 벼랑 끝에 서 있어도 다시 시작할 수 있다. 길이 없다고 해서 좌절하거나 낙담하지 말자. 중요한 것은 생각을 바꾸고 희망을 갖고 다시 시작하는 것이다.

커널처럼 웃으며 될 때까지 하면 무조건 된다. 실패하는 이유는 중간에 멈추기 때문이다.

새벽 3시에 바다로 출근해서
한치오징어를 먹는다

가난한 시절에는 돼지기름도 잘 팔린다

> 성공은 행동과 연결되어 있는 것으로 보인다.
> 성공하는 사람은 끊임없이 움직인다.
> 실수를 저지르기도 하지만 결코 포기하지 않는다.
>
> **코래드 힐튼**

영빈 씨는 남편보다 먼저 제주에 와서 활어차를 몰고 다니며 영업을 하고 있었다. 우럭, 바닷장어, 자리돔, 한치오징어, 광어, 다금바리 등 자연산 활어들과 옥돔, 고등어, 갈치, 조기, 오징어 등의 선어를 부두에서 받아다가 횟집이나 생선 가게에 납품하는 일을 했다.

영빈 씨는 만날 때마다 제주에서는 귤과 생선을 배달하는 농수산물 유통업이 최고라며 자기를 따라다녀보라고 했다. 취업에 실패한 우리는 영빈 씨가 생선을 받으러 갈 때 함께 다니기 시작했다. 활어를 받으러 가려면 새벽에 일어나야 했다. 무조건 고깃배가 들어오는 새벽에 선장이 오라고 하는 시간에 맞춰서 배가 들어오는 부두로 찾아가야 했다.

한번은 새벽 1시에 한치오징어를 잡은 배가 들어오는 옹포 포구로 갔다. 어둠을 밝히며 한치오징어를 한가득 실은 배가 들어왔다. 영빈 씨는 우리 부부를 선장에게 소개해주었고, 선장은 반갑게 악수를 청하면서 맞아주었다. 그러고는 한치 몇 마리를 바닷물에 씻더니 살아서 꿈틀거리는 한치오징어 한 마리를 손으로 찍 찢어 먹으라고 건네주었다. 새벽 바람을 맞으며 포구에 앉아 즉석에서 초고추장에 찍어 먹는 달짝지근한 한치의 감칠맛은 먹어보지 않은 사람은 결코 알 수 없다.

"캬아악~ 죽인다!" 거기에 소주까지 한 잔 걸치니 천하에 부러울 것이 없었다. 워낙에 식성이 좋은 데다가 생선회를 좋아하는 남편은 앉은 자리에서 한치 몇 마리를 눈 깜짝할 사이에 먹어 치웠다. 바다와 회를 좋아하는 남편이 수산업에 종사하는 것도 나쁘지 않겠다는 생각이 들었다.

무엇보다도 좋아하는 회를 실컷 먹을 수 있고 제주 바다에서 나는 생선을 유통하는 일이 제주에서는 최고의 사업이 아닐까 싶었다. 한치를 가득 싣고 돌아오는 트럭 안에서 우리 부부는 결심했다. 활어차를 따라다니면서 고기 받는 법을 배우고 본격적으로 수산물 유통업을 시작하기로. 그물을 내리기만 하면 고기가 가득 잡히는 청정한 제주 바다, 황금 어장인 푸른 바다가 우리의 눈앞에 펼쳐져 있었다.

활어차는 일반 트럭과 달리 바닷물과 고기를 가득 담은 물통을 항상 싣고 다니기 때문에 물이 출렁거리지 않도록 여간 조심해 운전하지 않으면 안 된다. 갑자기 브레이크를 밟아 차가 옆으로 기우뚱해 전복되기라도 하면 대형 사고로 이어질 수 있다. 한번은 긴장한 나머지 사이드브레이크를 풀지 않고 제주시에서 한림까지 달렸다. 라이닝 타는 냄새가 나서 그제야 차를 세우고 확인을 했는데, 사고 직전이었다. 차 주인인 영빈 씨는 속이 상한 나머지 남편 옆에서 한숨을 푹푹 쉬고 있었다.

생선을 납품하는 일은 생각보다 쉽지 않았다. 고기가 죽으면 값어치가 뚝 떨어지기 때문에 고기가 담긴 물통에는 모터를 돌려서 산소를 공급해주어야 했고, 바닷물을 싣고 와서 횟집 수족관에 물도 채워주어야 했다. 납품하는 횟집마다 수족관 물을 갈아주기도 하고 생선 가게에서 좌판을 정리해주는 등의 서비스도 했다.

나는 영빈 씨의 처인 미경 언니에게 생선 손질하는 법을 배웠다. 난생처음 바닥에 쪼그리고 앉아서 조기 비늘을 다듬고, 고등어와 갈치 배를 가르고 내장을 손질해보았다. 제주에 내려오기 전까지 살림이라곤 '라면 끓이기' 정도 밖에 못하던 내가 생선 좌판 옆에서 손님들에게 팔 생선을 손질하고 있었다. 역시 사람은 상황이 닥치면 다하나 보다. 고생을 한 번도 해본 적이 없는 내가 생선 가게에 앉아 고등어 배를 가르고 있는 것을 친정 엄마가 알면 눈물 콧물이 날 일이었다.

옛날 양천구 신월동에서 생선 장사를 하시던 우리 엄마 이영희 여사가 생각났다. 내가 초등학교 1학년 때 엄마는 노량진 수산시장에서 나무 궤짝에 담긴 갈치나 고등어를 두세 짝씩 머리에 이고 와 골목 시장 노점에서 장사를 했다.

전라북도 대아리 두메산골이 고향인 엄마는 아빠와 함께 성동구 답십리로 이사를 와서 신혼살림을 꾸렸다. 답십리가 철거되면서 신월동으로 이사를 오고 할머니가 보태준 쌈짓돈으로 15평짜리 집을 마련했다. 4명의 아이들이 태어나면서 식구는 여섯이 되었다. 그런데 아빠가 사업을 한다고 돈과 집을 몽땅 날려 생계가 어려워졌다. 보다 못한 엄마가 또랑또랑한 자식들 4명을 먹여 살리기 위해 생활 전선에 뛰어든 것이다.

추운 겨울밤이었다. 한번은 밤 9시가 넘도록 엄마가 오지 않아 시장에 찾아갔었다. 엄마는 "오늘 가져온 고기는 오늘 다 팔아야 한다."라고 하시면서 추운 겨울에 시린 발을 동동 구르며 손님을 기다리고 계셨다. 날씨가 추워서인지 지나다니는 손님도 별로 없었다.

그런데 엄마가 잠깐 자리를 비운 사이에 손님이 왔다. 어린 내가 갈치 두세 마리 앞에 쪼그리고 앉아 있는 모습이 안쓰러워 보였는지 지나가던 아주머니가 갈치 2마리를 싸달라고 했다. 어찌할 바를 몰라 옆에 있는 신문지로 둘둘 말아서 어설프게 포장해주고 돈을 받았다. 그 갈치 2마리를 팔고 나니 마음이 뿌듯하고 기분이 좋았다.

1975년 그 시절에는 소고기 기름을 사다가 팔아도 장사가 잘되었다. 마장동 도살장에 직접 가서 고기를 받아다가 팔았다. 한 근에 150원에 사서 다 팔면 400원이 되었다. 돼지기름은 250원에 받아다가 350원에 팔았다. 돼지고기 한 근에 600원 하던 시절이었다. 기름을 사서 팔아도 200%가 넘는 수익률이었다. 당시로서는 엄청 괜찮은 장사였다. 지금이야 고기에 붙은 기름은 콜레스테롤이 많다고 해 먹지 않지만, 어려운 시절에 가난한 사람들은 영양실조에 걸리지 않도록 소고기 기름을 사다가 국을 끓여 먹으면서 지방을 보충했다. 살기가 좀 나아지자 소, 돼지기름은 더이상 팔리지 않았다.

그 후로 엄마는 돼지고기, 닭고기, 소고기 등 시흥 독산동 고기 직판장과 노량진 수산시장, 그리고 가락동 채소·과일 도매시장을 돌면서 돈이 될 법한 장사를 가리지 않고 했다. 엄마는 당시를 회상하며 이렇게 말씀하신다.

"장사도 시기에 따라 적절히 바꿔가면서 해야 해. 먹고살기 힘들 때는 돼지기름도 없어서 못 팔았는데, 사람들이 먹고살 만하니까 사가는 사람이 없더라고."

상추는 한 궤짝을 다 팔아봐야 천 원이 남는데 조금이라도 못 팔면 오히려 손해라서 그만두었다. 살아 있는 꽃게를 리어카에 싣고서 화곡동 '본동 시장'까지 나가 팔기도 했다. 화곡동 시장에서는 장사가 잘되었지만 시장을 지키는 '시장지키미' 오빠들(?)이 있어서 계속하기 힘들었다.

"아줌마! 여기서 장사하면 안 돼요!"

"젊은 오빠, 오늘 하루만 봐줘요. 이것만 다 팔면 내일부터는 오지 않을게요!"

그렇게 말하고는 다음 날부터는 정말 가지 않았다. 덩치가 큰 지키미들의 협박도 있었지만 아이들 넷을 보면서 장사를 하기에 화곡동 시장은 너무 멀었던 것이다. 엄마는 시장에 있는 내내 신월동에 있는 아이들이 눈에 밟혀서 마음이 편치 않았다고 한다.

장사를 하면서 자연스럽게 체득한 엄마의 경영 철학은 하나도 빠짐없이 내 삶의 지표가 되었고 지금도 삶의 방향과 교훈을 제시해준다. 떡볶이 장사를 비롯해서 돼지고기, 닭고기, 생선, 채소 장사와 도라지나 밤 까기, 빗자루 만들기, 일본으로 수출하는 스웨터에 자수 놓기, 진주백 만들기, 화장품 방문판매에 이르기까지 10여 개가 넘는 업종을 두루 거치던 엄마는 어느 날 '대도부동산'이라는 공인중개사업을 시작했다. 공인중개사업자 허가증을 가진 동네 아저씨와 동업을 한 것이다. 그러고는 그 당시에 돈을 벌기에는 부동산업이 최고였다고 하셨다.

　시골에 있는 초등학교에서 6년 과정 중에 2년밖에 못 다닌 엄마는 공인중개사업을 하기 위해 한자를 익히고 계약서 쓰는 법을 배워서 지금까지 억척스레 30년 이상을 해오셨다. 내가 5학년이 되던 해에 우리 가족은 셋방살이에서 벗어나 대지 60평에 지은 2층 상가가 있는 건물을 구입해 이사했다. 엄마가 장사를 시작한 지 6년 만의 일이었다. 이제 동네에서는 제법 부잣집이란 소리를 듣고 살게 된 것이다.

　아무 일이나 겁 없이 시작하는 걸 보면 나에게는 역시 엄마의 피가 흐르고 있는 듯하다. 어릴 적 갈치를 팔아본 경험이 있어서인지 제주에서 생선 장사도 두려움 없이 시작했다. 새벽 6시에 일어나 미경 언니를 태우고 성산일출봉 옆에 있는 동부두로 생선을 받으러 갔다. 왕복 2시간 걸리는 거리를 매일 가다시피 했고, 경매된 생선들을 구입해서 다시 제주시로 돌아왔다.

　그렇게 한 달을 따라다녀보니 싱싱한 생선을 구별하는 법도 알게 되었다. 갈치는 한 상자에 20마리 정도 담긴 것이 가격을 받기가 좋다. 고등어는 눈이 유리알 같이 투명해야 싱싱한 것이다. 오징어는 등이 짙은 갈색을 띠어야 한다. 생선 중에 가장 좋은 생선은 옥돔이다. 제주 사람들은 옛날부터 옥돔만 생선으로 대접했고 다른 것들은 생선 취급도 안 하고 모두 잡어라고 불렀다. 옥돔은 인어공주 같은 몸매에 주황빛으로 빛나는 비늘과 크고 예쁜 눈을 가졌다. 생선의 여왕인 옥돔을 알아야 비로소 제주의 수산업계에 입문하게 되는 것이다.

생선 경매가 진행되는 부두에서 생선 고르는 것을 배우고 구입하는 일은 재미있고 신나는 일이었다. 새벽 부두에 가면 바닷가의 상쾌한 공기와 짭조름한 바람, 그리고 상인들의 북적거림으로 날마다 활기가 넘쳤다.

생선 다듬는 일을 배우기 시작한 지 한 달쯤 지난 어느 날이었다. 짧고 날카로운 고등어 손질용 칼에 그만 손을 베였다. 그렇지 않아도 남편은 내가 고기를 손질하는 것을 보더니 "고기가 손에서 놀고 있네." 하면서 놀리곤 했다. 열심히 생선 손질을 배웠지만 아무래도 많이 어설폈던 모양이다. 미경 언니도 내심 못한다고 생각하는 눈치였고, 며칠 동안 생선 손질을 못하게 된 내게 이렇다 저렇다 말이 없었다.

그날 밤 남편은 아무래도 생선 장사도 아닌 것 같다고 말했다. 한 달 동안 활어차를 따라다니고 생선 손질하는 내 모습을 보고 내린 결정이었다. 본래 나는 생선 가게를 하고 남편은 활어차를 운전하면서 거래처에 납품하는 일을 하려고 계획했었다. 그런데 그렇게 하려면 우선 생선을 살 수 있는 자금도 넉넉해야 했다.

제주의 수산유통업은 고기를 살 때는 현찰을 주고 사야 했고, 납품하는 거래처에는 외상으로 고기를 주고 있었다. 간혹 납품을 하던 대형 횟집이 망해 많은 돈을 떼이는 일도 있었다. 고기를 현찰로 사고 납품할 때는 외상 거래를 한다는 것에 위험부담이 있었고, 애초에 가게를 얻고 고기를 현찰로 주고 살 만한 돈도 부족했다. 게다가 나는 생선 손질이 서툴렀다. 결국 남편은 이 길이 우리가 가야 할 길이 아니라고 판단했다. 이렇게 해서 제주에서 겨우 찾은 두 번째 직업, 수산업을 포기하고 또다시 다른 업종을 찾아야 했다.

입도 두 달이 지나자 잔고는 950만 원이 되었다. 잔고가 줄어들 때마다 자신감도 조금씩 줄었다. 그렇다고 결코 절망하거나 포기하지는 않았다. 아직 돈이 남아 있으니까. 이 길이 아니라면 다른 길로 가면 되지 않는가? 우리는 우리에게 맞는 일이 나타날 때까지 찾다 보면 결국 찾을 것이라는 확신이 있었다.

살다 보면 벼랑 끝에 내몰리는 상황에 처하기도 한다. 그렇다고 해서 좌절하거나 절망해서는 안 된다. 당신을 절망스럽게 하는 사건이 성공의 시작이 될 수 있다. 절망이 사라지길 바라지 말고 그것을 희망으로 바꿀 수 있는 방법을 찾아라. 절망은 당신에게 성공을 가져다주기 위해 거쳐 가야 하는 과정일 뿐이다. 나는 절망을 오히려 즐기면서 나아가라고 말하고 싶다.

무인카페의 원조는
춘천에 있었다

'블랙러시안'과 '닭도리탕'

어떤 것이 당신의 계획대로 되지 않는다고 해서
그것이 불필요한 것은 아니다.

토머스 에디슨

제주에 온 지 어언 3개월이 지났다. 시간이 갈수록 수입은 없고 돈은 줄어들자 마음이 조급해졌다. 그러다 〈오일장신문〉에서 보증금 없이 월 60만 원만 내면 가게를 운영할 수 있다는 광고를 보았다. 일단 보증금 부담이 없으니 무슨 가게인지도 모르고 달려갔다.

가게는 구제주 시청 뒷골목 지하에 위치한 젊은 부부가 운영하는 '탈출여행'이라는 호프집이었다. 호프집은 밤에만 영업을 하기 때문에 낮 시간에 가게를 빌려준다고 했다. 인테리어도 다

되어 있고, 오전 10시부터 오후 6시까지 영업을 하는 조건이었다. 젊은 주인 남자는 커피와 차를 파는 카페가 좋을 것 같다고 했다. 시청과 보건소 뒤에 위치하고 있어 주변 상권도 괜찮다는 생각이 들었다. 보증금이 없으니 크게 부담도 되지 않아서 바로 계약을 했다.

예쁜 커피 잔과 차를 만들 재료들을 구입하고 메뉴판을 만들었다. 메뉴를 다양하게 하기 위해 만들어본 적도 없는 칵테일을 추가하기로 했다. 칵테일 만드는 법은 책을 구입해 보면서 한 번씩 실습했다. 보드카와 위스키, 토닉워터와 시럽 등의 재료를 섞어가면서 흔들어보고 저녁에는 남편과 함께 안주를 만들어서 칵테일 파티도 했다. 요즈음은 바리스타 교육을 하는 학원도 많지만 그때는 인스턴트 커피인 '맥심'과 '초이스'가 최고의 커피였다.

중학 시절 춘천에 있는 카페촌에 간 적이 있다. 작가 이외수의 『들개』를 읽고 소설의 배경이 된 춘천 호수 주변에 있는 카페촌에 가보고 싶었기 때문이다. 12월의 겨울, 서영숙 선생님과 기차를 타고 그곳에 도착했다. 춘천에는 카페가 정말 많았다. 캐럴이 울려 퍼지고 크리스마스 분위기가 한껏 고조되어 있는 한 카페에 들어갔다. 테이블마다 맥심 커피와 프림, 그리고 설탕이 든 유리그릇이 놓여 있었고, 종업원이 와서 커피 잔에 따뜻한 물을 따라주면서 말했다.

"커피와 프림은 기호에 맞춰서 타 드시고요, 따뜻한 물은 계속 추가해 드립니다."

커피를 워낙 좋아하는 나는 이 같은 춘천의 카페 시스템이 무척 마음에 들었다. 이 시스템을 '탈출여행'에 그대로 도입하기로 했다. 직접 커피를 타 마시는, 그 당시 유행하고 있던 무인카페 같은 형태였다. 커피 타는 기술이 딱히 없는 우리에게는 최선의 선택이었다.

커피와 프림, 설탕을 테이블 위에 올려놓고 손님 취향대로 직접 타먹으라니. 요즘처럼 커피 전문점이 많은 시대에는 정말이지 말도 안 되는 발상이었다. 테이블마다 촛불도 켜놓으니 나름 분위기는 그럴듯했다. 도화지에 컬러매직으로 메뉴를 직접 써서 내려오는 계단마다 붙였다. 예쁜 커피 잔을 사려고 제주도에 있는 그릇 가게는 다 돌아다녔다. 그때 산 커피 잔이 지금도 남아 있는데 세월이 지났어도 여전히 예쁘다. 아무래도 보는 감각은 있는 듯하다. 도화지에 쓴 메뉴판에 유럽풍의 커피 잔이라니, 어설프긴 했지만 그런대로 마음에 들었다.

개업 첫날, 아침 일찍 나와 가게 문을 열었다. 전날 밤에 영업을 했던 가게라서 그런지 밤새 밴 술과 담배 냄새가 실내에 가득 차 있었다. 게다가 지하의 퀴퀴한 냄새가 더해져 숨이 막힐 지경이었다. 우리는 먼저 문을 열고 환기를 시켰다. 주방으로 들어서

자 설거지가 가득 쌓여 있었다. 주인 부부가 밤새 일한 뒤 지쳐서 치우지도 못하고 잠든 것이다. 나는 소매를 걷어붙이고 설거지를 했다. 그래야 우리도 영업을 시작할 수 있기 때문이었다. '계속 이렇게 해야 하는 건가?'라는 생각이 들었다. 달그락 소리가 나자 가게에 딸려 있는 방에서 자고 있던 젊은 주인 부부가 나와서 미안해하더니, 주섬주섬 옷을 챙겨 들고 나가버렸다.

드디어 카페 영업이 시작되었다. 첫 손님으로 중년 남자 2명이 가게로 들어와 커피 2잔을 시켰다. 따뜻한 물을 커피 잔에 따라 주고는 테이블 위에 올려놓은 커피를 마음껏 타 드시라고 했다. 손님들은 어리둥절해하면서 나를 쳐다봤다.

"나더러 직접 타 마시라고요?"

"네!"

나는 웃으면서 대답했다. 지금 생각해보니 손님들에게 직접 커피를 타 마시라는 것은 당시 제주의 문화에는 맞지 않았던 모양이다. 커피를 마시고 간 손님들은 그날 이후로 다시는 볼 수 없었다. 다음 날은 점심 때가 지나 남자 손님 한 분이 들어왔다. 메뉴판을 보더니 칵테일 '블랙러시안'을 주문했다. 나는 연습한 대로 보드카에 커피 리큐어를 적당량 넣고 셰이커를 빠르게 흔들어서 칵테일을 만들었다. 모든 메뉴를 한 번씩은 실습해보았기 때문에 어렵지 않게 칵테일 한 잔을 완성했다.

블랙러시안은 이름만 들어도 남성미가 느껴지는 칵테일이다.

검은 색감과 러시아의 대표적인 술인 보드카로 만들기 때문에 블랙러시안이라고 한다. 독한 보드카의 맛을 부드럽게 하는 커피의 달콤함과 풍미를 느낄 수 있어 많은 사람들에게 사랑받고 있는 칵테일 중 하나다. 블랙러시안은 이름도 멋지고 커피향도 좋아서 자연스레 내가 좋아하는 메뉴가 되었다. 책을 보고 배운 칵테일 레시피를 바로 실전에 적용한 것을 생각해보면 우습기도 하지만, 연습 없이 모든 것이 바로 실전으로 이어져야 하는 것이 현실이었다.

다음 날도 손님은 하루 종일 2명이 전부였다. 손님이 없는 동안 커피와 칵테일을 만들어보고 만든 칵테일을 마셨다. 대낮부터 우리 부부는 술기운이 올라 얼굴이 벌게 있었다. 저녁 6시가 되면 카페 영업은 끝이 나고, 그때부터는 주인 부부가 와서 호프집 영업을 시작했다. 호프집이 열리자 우리 부부는 허기를 달래기 위해 닭도리탕과 호프를 한 잔씩 시켰다. 그리고 가게 주인과 함께 술을 마시면서 친분을 쌓았다. 매일 그렇게 하다 보니 우리 카페의 매상보다는 주인집 매상을 올려주는 날이 더 많았다.

2주일이 지나서 계산해보니 100% 적자였다. 제주로 내려올 때 가지고 온 돈 1,450만 원에서 4개월도 안 되어 400여만 원이 남았다. 시간이 지날수록 돈만 까먹고 있는 형국이었다. 카페 영업은 당연히 적자였고 버는 것 없이 월세만 축내고 있었다.

일반적으로 낚싯바늘에 걸린 물고기는 도망치려고 낚싯줄과

반대 방향으로 움직이는데, 움직일수록 바늘은 더 깊숙이 박힌다. 반면에 영리한 물고기는 오히려 낚시꾼이 있는 방향으로 빠르게 움직여 벗어날 기회를 찾는다. 우리는 영리한 물고기처럼 벗어날 길을 찾아야 했다. '이렇게 가다가는 굶어죽겠구나.' 하는 생각에 잠이 오질 않았다. 영리한 물고기가 되기 위해 우리는 밤새 이 상황에서 빠져나갈 궁리를 하고 있었다.

절망의 월급봉투,
희망의 마중물되다

용접공은 불꽃을 보면 안 돼!

실패는 신이 주시는 신호다.
디딤돌을 딛고 일어나 다른 길로 가라는.

이해원

카페는 일주일 만에 접었다. 그리고 월 30만 원인 오피스텔 임대료가 부담스러워서 월 20만 원을 내는 단칸방으로 이사를 했다. 연동에 있는 유흥가 주변이었기에 밤이면 술 취한 사람들이 고래고래 소리를 질러댔고, 어디선가 들려오는 유행가 소리에 잠을 설쳐야 했다.

다시 광고 정보지를 뒤적거렸다. 그러다가 공항 가는 길에 가겟세가 저렴한 빈 점포가 나와서 달려가보았다. 임대료는 저렴했지만 목이 외진 곳이었다. 집으로 돌아와 고민을 시작했다. 적은 돈으로 가장 손쉽게 할 수 있는 일을 생각해보았다. 분식점이나 실내 포장마차는 어떨까? 남편은 잠깐이지만 분식점에서 일해본 경험이 있다고 했다. 그 가게에서는 실내 포장마차 정도가 적합할 것 같았다.

"안주가 될 만한 요리를 할 수 있겠어?"라고 남편이 물었다. "책 보고 배워서 하면 되지 않겠어요?"라고 대답했다. 만만한 게 책이었다. 책 읽기를 좋아했던 나는 모르는 것이 있으면 항상 책을 찾았다. 그때만 해도 스마트폰은커녕 컴퓨터도 귀하던 시절이었다.

다음 날 우리는 어제 본 그 가게로 다시 가보았다. 그런데 아쉽게도 가게는 다른 사람이 먼저 계약을 한 상태였다. 며칠 후에 제주시 연동에 위치한 '언덕위에'라는 호프집이 임대로 나왔다. 경사진 도로변에 있는 8평 남짓한 지하의 작은 가게였지만 성업중이었다. 연세가 1년에 500만 원이라고 했다. 이번에는 돈이 모자랐다.

차라리 잘된 일이라고 생각하고 집으로 돌아왔다. 술집을 하면 남편은 좋아하는 술을 날마다 마실 것이고, 먹성이 좋으니 팔아야 할 안주를 다 먹어 치웠을 것이다. 적자가 날 것은 불 보듯 뻔한 일이었다.

300만 원! 이제 이것이 우리에게 남은 전 재산이었다. 가지고 왔던 1,450만 원 중에 생활비와 3번의 업종 변경으로 1천만 원이 공중으로 사라졌다. 솔직히 남은 300만 원으로 창업을 한다는 것은 힘들 것 같았다.

하는 수 없이 다시 취직자리를 알아보기로 했다. 취직을 하면 당장 있는 돈은 더이상 까먹지 않을 것이라는 생각에, 무슨 일이든 해서 돈을 더 모은 다음 창업을 하자고 말했다. 남편도 내 말에 동의했다.

처음 남편이 면접을 본 곳은 북제주군 조천읍 함덕리에 있는 '대성가스'였다. 트럭에 가스통을 실어 나르고 배달하는 일이었다. 그때 남편의 몸무게는 85kg 정도였는데, 가게 주인이 "20kg 나가는 가스통을 들고 배달할 수 있겠수까?"라고 물었다. "네! 할 수 있습니다!" 씩씩하게 대답했다.

남편은 면접 날 하루 종일 가게에서 어깨에 가스통을 메고 나르는 연습을 했다. 배달 전화가 오면 바로 배달해주어야 했다. 무거운 가스통을 짊어지거나 운전하는 일은 할 수 있었다. 하지만 지리도 잘 모르고 공중전화도 없는 시골에서 배달을 한다는 것은 힘든 일이었다.

삐삐만 있던 시절이라 배달을 가기 전에 전화를 걸어서 위치를 확인하고 출발해야 했는데, 제주도 특유의 사투리를 도무지 알아들을 수가 없었다. 매번 가게 주인하고 같이 다닐 수도 없는 노릇이었다.

면접 첫날부터 남편은 녹초가 되어서 들어왔다. 피곤했는지 저녁밥을 먹고는 바로 곯아떨어져 잠이 들었다. 그래도 하루 동안 일을 하고 온 남편을 보니 믿음직스러웠다. 다음 날 연락을 준다고 한 가게 주인에게 종일 아무 소식이 없었다. 확인을 하기 위해 전화를 하러 갔다 온 남편이 말했다.

"어제 나보다 먼저 온 젊은 청년이 있었는데, 주인이 그 친구를 쓰겠다고 하더군…."

"하루 만에 잘렸네요."

첫 출근에 바로 퇴출이라니 암담한 현실이었다. 가진 것은 이제 바닥인데 보이지 않는 미래가 가슴을 억눌렀다.

다시 구직 정보지를 뒤지던 남편은 아파트 공사장에서 철근 나르는 일을 하겠다고 다음 날 출근을 했다. 어둑어둑한 저녁에 들어온 남편의 어깨는 땅에 닿을 듯 축 늘어져 있었다. 남편의 어깨에는 퍼렇게 멍이 들어 있었는데, 다음 날이 되자 퉁퉁 부어오르고 통증이 심해졌다. 철근 나르는 일, 일명 '노가다'는 남편에게 해본 적 없는 일일 뿐 아니라 무척이나 힘든 일이었을 것이다. 그나마도 열흘 만에 공사가 끝나 일이 없어졌다.

다음에는 중문에 있는 S호텔 내부 인테리어 공사 현장에서 일하게 되어 서귀포 중문으로 일터가 옮겨졌다. 일급 호텔 실내 공사라서 일체의 소음과 냄새를 차단한 후 공사가 진행되었다. 객실 손님들에게 피해가 가지 않도록 하기 위해서였다. 완전히 밀

폐된 공사 현장은 더위와 소음, 먼지, 페인트 냄새가 가득 차 그
야말로 견디기 힘든 지옥 같은 공간이었다. 어느 날은 사다리에
올라가서 일을 하다가 사다리가 부서지는 바람에 다리와 허리를
다쳐서 겨우겨우 집에 온 날도 있었다.

하루는 남편이 용접 일을 돕게 되었다. 용접공들은 용접을 할
때 불꽃을 바라보면 눈이 안 보이고 따가워진다는 것을 모두 알
고 있었다. 그러나 용접을 처음 해보는 남편은 그 불꽃을 보면서
일을 했다. 함께 일하던 동료가 "용접할 때 불꽃을 보면 안 돼!"라
고 말했지만 이미 한참을 일하고 난 후였다.

불꽃을 바라본 후유증 때문인지 퇴근 후 집에 와서는 눈이 보
이지 않는다는 것이 아닌가? 눈이 보이지 않을뿐더러 통증도 심
하다고 했다. 나는 어찌할 바를 몰라 당황한 나머지 일단 뜨거운
물을 수건에 적신 후 눈에 올려놓고 밤새 온찜질을 해주었다. 그
리고 '자고 일어나면 괜찮아지겠지.' 하고 잠이 들었다.

다음 날 아침이었다.

"좀 괜찮아요?"

"아니, 아무것도 보이지 않는데⋯. 눈 속에 모래알이 굴러다니
는 것 같고 따가워 죽겠어."

하루 종일 뜨거운 수건으로 찜질을 해주었다. 그 당시에는 눈
에 염증이 있을 때 냉찜질을 해주어야 한다는 사실을 몰랐다. 오
히려 뜨거운 수건으로 찜질을 했으니 염증이 더욱 악화되고 말

았다. 어쩔 수 없이 남편은 공사장에도 못 가고 일주일을 쉬게 되었다. 며칠 후 공사장에서 함께 일한 동료가 그간 일한 급료라며 돈 봉투를 주고 갔다. 그러면서 미안하다는 듯이 말했다.

"사무실에서 그만 나오라고 하네요. 몸조리 잘하고 쉬어요."

잘린 것이다. 건네받은 두툼한 돈 봉투를 보니 마음이 찡하고 뭉클해졌다. 봉투 속의 돈을 세어보니 만 원짜리로 60장이었다. 남편은 눈이 안 보여서 방에 누워 있었지만, 돈을 보니 기분이 좋아지고 제법 든든한 마음이 들었다.

제주 입도 5개월 만에 처음으로 통장 잔고에 60만 원이 늘어났다. 전 재산이 360만 원이 된 것이다. 적은 돈이었지만 통장의 잔고가 증가한 것은 우리에게 희망을 갖게 해주었다. 아무리 절망적인 상황에서도 긍정적인 생각을 하면 절망은 희망으로 바뀐다. 지금은 절망적이고 실패인 것 같지만 그것은 다음 일을 하기 위해 거쳐가야 하는 디딤돌과 같은 것이다. 희망! 그것만 놓치지 않는다면 누구라도 성공할 수 있다.

360만 원이라는 희망을 다시 붙잡고 제주에서 성공할 수 있는 무언가를 찾기 위해 또다시 우리는 머리를 맞대고 앉아 있었다.

전화번호부에서
길을 찾다

백조와 백수도 '블랙 스완'이 될 수 있다

> 나는 최소한 생의 마지막 순간에
> 삶을 뒤돌아보며 이렇게 후회하지는 않을 것이다.
> "좀더 많은 것들을 실행에 옮겼더라면 좋았을 걸."
>
> 다이애나 폰 벨라네츠

남편의 눈은 일주일이 지나자 완전히 회복되었다. 봉사가 되는 줄 알고 걱정을 많이 했는데 다행이다. 남편이 쉬는 동안 나도 일자리를 알아보았다. 오일장신문사 콜센터에 이력서를 냈더니 면접을 보러 오라고 연락이 왔다.

"여기 일은 하루 종일 전화만 받는 거라서 아무래도 힘들 것 같습니다."

"전화받는 일은 경력도 있고 잘할 수 있습니다. 걱정 마세요."

회사 이사님이 면접을 보았는데, 서울에서 6년 동안 신문사에서 근무했던 내 이력이 부담되었던 것 같다.

"우리 회사하고는 인연이 아닌 것 같습니다."

그 자리에서 차비를 하라며 봉투를 건넸다. 바로 '불합격' 판정을 받은 것이다. 이럴 줄 알았다면 경력사항은 다 빼버리고 '고졸에 붙임성 좋음'이라고 적을 걸 후회가 되었다. 돌아오는 길에 봉투를 열어보았더니 5천 원이 들어 있었다. 얼마 되지 않은 돈이었지만 면접자에 대한 세심한 배려가 오일장신문사에 대한 좋은 이미지를 심어주었다.

두 번째 면접을 보러 간 곳은 연동에 있는 '동원일식'이라는 횟집이었다. 면접을 보자마자 바로 합격! 즐거운 마음으로 다음 날 출근했다. 가게에는 나 말고도 서빙을 하는 직원이 2명 있었다. 사장님은 얼굴이 까무잡잡하고 덩치가 큰 사람이었다.

처음 해보는 식당 일에 의욕만 갖고 출근했지만, 첫날부터 아무 일도 할 수가 없었다. 도무지 일하는 순서와 방법을 알 수 없었다. 나는 아직 일이 서툴고 무엇을 먼저 해야 할지 모르니 조금 지켜보다가 일을 하겠다고 말했다. 그러고는 마치 감독자처럼 한쪽에 서서 직원들이 일하는 모습을 지켜보았다. 사장님과 직원들은 나를 한심스럽다고 생각하는 눈치였다.

감독하는 직원으로 비친 나를 다른 직원들은 아무래도 탐탁지 않게 여겼을 것이다. 눈치를 보며 손님상에 반찬을 나르고 회가 담긴 접시를 날랐다. 한창 분주한 점심시간에 남편이 식당으로 들어와 내가 일하는 것을 보더니 일어나서 휙 나가버렸다. 그리고 그날 저녁 남편은 횟집에 나가지 말라고 했다. 음식을 나르는 일은 너무 힘들다고, 돈은 자신이 벌겠다면서 극구 횟집에 나가는 것을 만류했다.

그렇게 해서 다음 날 나는 백조, 남편은 백수가 되었다. 살 길은 더 막막해졌다. 그러던 어느 날, 남편은 두툼한 전화번호부를 들고 들어왔다.

"새로운 일을 찾는 데는 전화번호부가 좋아. 여기엔 모든 업종이 다 나와 있고 어느 업종이 잘되는지도 한눈에 보이지!"

함께 전화번호부를 뒤적이고 있는데 작은 박스 광고가 눈에 들어왔다.

'꽃꽂이 강습' '꽃바구니' '꽃박스' '관엽' '화환' '꽃에 대한 모든 것'
 - 그린꽃방 -

광고를 보는 순간 가슴이 두근거렸다. '꽃'이라는 단어에 갑자기 호기심이 일고 눈에 번쩍 불이 붙었다. 운명이 마치 '이 길로 가세요!' 하고 알려주는 것만 같았다.

"예쁜 꽃을 보면서 꽃을 파는 일은 고상하고 즐거울 것 같아요."라고 말하며 남편에게 꽃집을 해보고 싶다고 했다. 나는 꽃집을 하고 남편은 다른 일자리를 알아보면 어떻겠냐고 물어보았다.

"꽃집? 그거 괜찮겠는데!"

당장 광고를 낸 '그린꽃방'에 전화를 하고 남편과 함께 방문했다. 꽃방에 들어서자 꽃향기가 가득했다. 여사장님은 꽃바구니를 만들고 있었고, 여직원은 많은 양의 장미를 다듬고 있었다. 꽃잎이 바닥에 수북이 쌓여 있었다. 한눈에 보아도 장사가 잘되는 가게였다.

우리는 대충 사정을 이야기하고 사장님께 조언을 구했다.

"꽃에 대한 경험이 전혀 없는데, 꽃집을 할 수 있을까요?"

"뭐, 꽃바구니와 꽃다발 포장하는 방법을 조금만 배우면 꽃집은 할 수 있죠. 할 수 있어요."

꽃방 사장님은 아주 간결하게 대답했다. 나는 꽃을 포장하고 있는 사장님의 손놀림을 넋을 잃고 바라보았다. 예쁘게 변신하고 있는 꽃바구니에서 한동안 눈을 뗄 수가 없었다.

꽃집을 창업하겠다고 생각하자 마음이 들뜨고 흥분되어 바로 가게를 알아보았다. 처음 본 곳은 구제주 한국병원 인근에 있는 작은 가게였다. 방이 딸려 있는 가게여서 평수는 작지만 마음에 들었다. 1년 임대료가 200만 원이었다. 빠듯하긴 했지만 시작은 할 수 있을 것 같았다. 특히 병원 부근이니 병문안 가면서 꽃을 사들고 가지 않겠는가 하는 생각이 들었다.

서울에 있을 때 서영숙 선생님이 을지로에 있는 영락병원에 입원한 적이 있었다. 그때 문병을 가면서 프리지어와 안개꽃을 사갔는데 선생님이 무척이나 기뻐하셨다. 꽃집이 병원 앞에 있다는 것이 마음에 들었다. 그 후로 봄이 오면 항상 프리지어와 안개꽃을 선생님께 선물했고 꽃을 좋아하게 되었다.

그런데 가만히 살펴보니 한국병원 주변에는 꽃집이 즐비했다. 꽃집을 창업하려고 마음먹으니 가는 곳마다 꽃집만 보였다. 병원 주변에는 50평 이상 되는 대형 꽃집들이 있었다. 그린꽃방 사장님도 "아무래도 그쪽은 대형 꽃집이 많아서 10평도 안 되는 작은 꽃집은 경쟁이 안 될 거예요." 하고 조언을 해주셨다.

꽃에 대해 문외한이라고 생각했는데 꽃과 인연이 아주 없는 것은 아니었다. 서영숙 선생님 댁은 서울 목동에 위치하고 있었는데 목동 사거리 모퉁이에서 리어카에 꽃을 한가득 담아놓고 꽃을 파는 아저씨가 있었다. 장미꽃을 비롯해서 프리지어, 안개, 소국, 백합 등 계절마다 다른 종류의 예쁜 꽃들이 한가득 실려 있었다. 내가 가장 좋아했던 꽃은 프리지어와 색안개꽃이었다. 봄을 알리는 프리지어는 누구나 좋아할 만한 향기를 뿜어냈다. 바람에 실려온 향기가 코끝을 스치면 그냥 지나칠 수가 없어 프리지어 꽃 한 단을 사곤 했다.

고등학생 시절이었다. 비오는 날 친구를 만나러 종로에 있는 종로서적에 갔다가 건물 한 귀퉁이 꽃가게에서 연보랏빛 장미를 처음 보았다. 꽃잎이 도톰했는데 무척이나 아름다웠다. 장미 향기가 어찌나 매혹적이던지 비싼 장미꽃을 망설임 없이 친구에게 선물해주기도 했다. 그때 꽃 선물의 주인공이었던 친구 난이는 고맙게도 내가 제주로 내려왔을 때 제일 먼저 찾아와 일주일을 함께 있어 주었다.

'무수히 많은 점들이 모여 선이 된다.'라는 점선이론이 있다. 과거에 꽃을 좋아한 것은 우연이 아닐 것이라는 생각이 들었다. 꽃과의 인연을 위한 하나의 점이 아니었을까? 그 옛날 누군가에게 꽃을 선물하기 좋아했었고 학창시절 앨범을 들여다보면 꽃이 잔뜩 꽂힌 꽃병이 사진 곳곳에서 보이기도 했다. 길가에 핀 들꽃을 꺾어다 화병에 꽂기도 하고 손에 꽃반지를 만들어 꼈던 기억들도 생생하다. 한때는 디자이너가 되겠다고 디자인 학원에 다니기도 했다. 어릴 적부터 지금까지의 모든 경험들이 하나의 선으로 연결되어온 것이다.

수많은 점들이 모여서 결국 꽃과 함께 삶을 디자인하는 플로리스트의 길을 가게 된 것이 아닐까? 지금 하고 있는 일은 미래의 어느 점과 만나게 되어 있다. 세상에 우연은 없다는 것을 우리는 살면서 하나씩 깨닫게 된다.

'블랙 스완'이란 말이 있다. 까만 백조, 흑조黑鳥는 우리가 쉽게 상상하지 못하고 쉽게 볼 수 없는 동물이다. 실제로 모든 백조는 흰색이라고 생각하고 있었다. 그런데 17세기에 한 생태학자가 실제로 호주에 살고 있는 흑조를 발견했다. 이로 인해 블랙 스완은 '불가능하다고 인식된 상황이 실제 발생하는 것'이란 의미로 사용되고 있다.

블랙 스완이 간혹 출현하는 것처럼 우리의 삶 속에서도 블랙 스완이 불현듯 나타날 때가 있다. 당시 우리의 블랙 스완은 '꽃'이었다. 한 번도 생각해본 적이 없는 꽃이라는 문 앞에 서서 우리 부부는 긍정적으로 말했다.

"제주 입도 6개월. 남은 전 재산 300만 원!"

"꽃집! 안 될 게 뭐야! 그래! 한번 해보자!"

당신에게 300만 원이 있다면, 창업을 하라!
진실한 사랑은 시간을 뛰어넘는다
일단 로또부터 사고 나서 행운을 빌어라
텃세가 세서 명당이다
눈빛으로 마음을 뚫고 그들과 뒹군다
눈에서 레이저가 나오는 '또라이'
오직 희망의 속삭임에만 복종한다
나를 바꾸라고? 인간은 절대 안 바뀐다
오늘 하루 당신이 생각한 것이 당신의 미래다
두드려라, 황금의 문이 열린다

2장

도전:
낯선 곳에서
새로운 일을 시작하라

모든 시작의 실행에 있어
한 가지 기본적인 진리가 있는데,
그것을 모르면
수많은 아이디어와 빛나는 계획이 죽어버린다.
그 순간에 자신을 완전히 바치고 몰입하면,
그 후에 신의 섭리가 움직인다는 사실!
그리 하지 않았다면 절대로 일어날 법하지 않을 일들이
정말로 눈앞에 펼쳐진다.
그 결심으로부터 흘러나온 모든 사건들은
강물이 되어 흐르고,
우연한 사건, 우연한 만남, 우연한 도움들이
모두 우리에게 유리하게 돌아간다.
그 누구도 자기에게 오리라고
꿈도 꾸지 못했던 것들도 다 내 편이 된다.

괴테_시인

당신에게 300만 원이 있다면,
창업을 하라!

어쭈, 굴러온 돌이? 박힌 돌을~

> 정말 목숨 걸고 내 인생에서 한번 해보겠다는 절실함만 있다면,
> 못할 일도 없고 못 이룰 일도 없다. 이것이 20년 채소 장사꾼인
> 내가 해줄 수 있는 가장 절절한 경험담이다.
>
> **총각네 야채가게, 이영석**

취업에 실패하고 창업을 택한 우리 부부가 겨우 찾은 한국병원 근처의 가게는 포기하기로 했다. 다시 〈오일장신문〉을 뒤적거리면서 세가 저렴한 가게를 찾고 있었다. 괜찮은 가게를 얻으려면 최소한 1천만 원은 있어야 했지만, 우리에게 전 재산은 300만 원과 승용차 한 대가 전부였다. 300만 원은 시내에서 가게를 얻기에는 턱없이 부족한 돈이었다. 어쩔 수 없이 시외로 눈을 돌렸다.

'조천리 중상동, 8평, 연세 180만 원, 방·부엌 있음.'

때마침 북제주군 조천읍 조천리에 저렴한 가게가 나왔다. 우리

가 가진 예산과 얼추 맞을 것 같았다. 바로 차를 몰고 가게를 보기 위해 조천으로 향했다. 도착해서 가게 주변을 살펴보니 인적이 드문 시골 마을이었다. 가게 앞에 버스 정류장이 있었고 조금 위쪽에는 우체국이 있었다. 큰 도로변에 있다는 것이 일단 마음에 들었다. 가게 뒤쪽은 주인집 마당과 연결되어 있었는데, 들어가보니 주인 할머니가 계셨다. 가게를 보러 왔다고 하니까 매우 반갑게 맞아주셨다. 가게는 오랫동안 비워둔 상태였는데 두 사람이 겨우 누울 정도의 방과 작은 부엌이 딸려 있었다. 나무로 된 마룻바닥 일부가 부서져서 내려앉아 있었다. 주인 할머니는 수리를 못 해준다며 무엇을 할 거냐고 물었다.

"꽃집을 하려고요."

"꽃집? 꽃집을 한다고? 이런 촌에서 꽃집을?"

할머니의 표정은 탐탁지 않은 듯 보였다. '오랫동안 가게를 비워놔서 귀신 나오게 생겼는데, 귀신이 안 들어오니 미친 사람들이 오는구먼. 여기에서 꽃집을 한다고?' 하는 표정이었다.

일단 가게를 나와서 동네를 여기저기 둘러보았다. 골목 안쪽으로 들어가자 방파제가 나오고 푸른 바다 위에 떠 있는 고깃배들이 보였다. 불어오는 바람에 싱그러운 미역 향기가 묻어났다. 한쪽에서는 낚시꾼들이 낚싯대를 걸쳐놓고 앉아 있었다.

12월의 어느 날 우리 부부는 조천이라는 시골에서 마치 소설 속에 나오는 주인공처럼 멍하니 서서 바다를 바라보았다. 방파제

입구 포장마차에서는 싱싱한 해산물을 팔고 있었다. 참새가 방앗간을 그냥 지나칠 수 없듯이 남편은 소라 한 접시와 소주 한 병을 시켰다.

"건배!"

"우리의 앞날을 위해!"

소주 한 잔을 들이켜고 꼬들꼬들한 소라 한 점을 입 안으로 넣자 가슴이 뜨뜻해져왔다. 워낙 바다 음식을 좋아하는 남편은 금방 기분이 좋아져서 입이 헤 벌어진다. 서울을 떠난 우리 부부는 낯선 동네 바닷가 방파제에 앉아 바람을 맞으면서, 그렇게 소주잔을 기울이며 미래에 대한 희망에 부풀어 있었다.

한 연구의 통계에 따르면 영국에서 미국으로 이민 온 사람들이 원래부터 미국에 살고 있던 사람들보다 백만장자가 될 확률이 4배나 높다고 한다. 왜 이주민들이 더 잘살게 되었을까? 타지에서 온 사람들은 주위의 도움은커녕 오히려 토착민의 멸시와 텃세를 견뎌야 했다. 그럼에도 그들이 더 크게 성공한 것은 절박한 상황이 그들을 강인하게 만들어주었기 때문이리라.

이주민들은 세상에 믿을 건 나 하나뿐이고, 어디 하나 도움을 청할 데가 없는 현실 속에서 극도로 긴장하고 집중했을 것이다. 절박한 상황 속에서는 자신도 모르고 있던 초인적인 힘이 나오기도 한다. 반면에 편안한 삶에 익숙해 있는 토착민은 그들처럼 긴장할 필요가 없다. 조금만 힘들어도 도움을 줄 곳이 많기 때문이다. 익숙한 것은 곧 편안함이고, 편안함은 나태와 정체로 이어진다. 그러다가 결국 외지에서 '굴러온 돌'이 성공하게 되는 것이다.

새로운 결심을 해도 익숙한 곳을 떠나지 않으면 흐지부지되기 십상이다. 성공하려면 익숙한 사람들과 장소를 떠나 외톨이가 되어야 한다. 누구에게도 도움을 청할 수 없는 곳에서는 필사적인 의지와 절박함이 생기고 초인적인 능력이 깨어난다.

'총각네 야채가게' 이영석 대표가 제주대학교에서 특강을 했는데 우연한 기회에 듣게 되었다. 그는 '바닥부터 시작해야 한다.'라는 신념 하나로 은행에서 300만 원을 대출받았다. 그 돈으로 트럭을 구입하고 과일 장사를 시작했다. 가장 맛있는 과일을 고르기 위해서 가락동 농수산물 도매시장에 과도 하나만 가지고 다니면서 가게마다 방문해 일일이 과일 맛을 보았다. 그동안 과일을 도매하는 상인들은 맛을 보고 구매하는 것을 허락하지 않았다. 그러나 이영석 대표는 시장의 암묵적인 규칙을 무시하고 가는 곳마다 과일 맛을 보고, 심지어는 박스에 들어 있는 과일을 바닥에 쏟아 아래쪽에 있는 과일 상태까지 확인했다.

시장의 규칙을 깨고 휘젓고 다니는 그를 못마땅하게 여기는 몇몇 상인들은 우르르 몰려가 두들겨 패기도 했다. 하지만 그는 맞으면서도 계속 과도를 들고 다니면서 과일 고르기를 멈추지 않았다. 마침내 상인들은 최고의 맛을 찾겠다는 그의 신념을 인정하고 더이상 그를 괴롭히지 않았다고 한다.

13년 전 트럭 행상으로 시작한 '총각네 야채가게' 이영석 대표는 마침내 트럭 행상에서 벗어나 현재 여러 매장을 거느린 사장님이 되었고 창업 성공담을 강연하는 강연가로도 유명세를 떨치고 있다.

300만 원으로 시작한 '총각네 야채가게' 이영석 대표, 300만 원으로 시작한 '천호식품' 김영식 대표, 300만 원으로 시작한 '장안농장' 류근모 대표, 그리고 300만 원으로 시작한 '플라워몰' 등 소자본으로 시작해서 성공한 기업 중에는 '300만 원'으로 시작한 사람들이 많다.

어떻게 그들은 300만 원으로 창업을 해서 성공할 수 있었을까? 그들에게는 공통점이 있다. 당장 무엇인가 하지 않으면 굶어 죽는다는 '절박함'이다. 그 절박함으로 선택한 마지막 일이기에 '죽기 아니면 까무러치기'로 한다. 바닥부터 지독하게, 열정적으로 모든 에너지를 가지고 일하기 때문에 성공할 수밖에 없는 것이다.

절박함 없이는 결코 성공할 수 없다. 무슨 일이 있어도 반드시 성공하겠다는 절박함이 없으면 조그마한 시련과 역경에도 금방 포기하게 된다. 삶의 여유가 조금이라도 있다면 시련과 역경이 더 크게 느껴지기 때문이다. 성공한 사람들은 하늘이 두 쪽 나도 꼭 하고야 말겠다는 독한 마음의 소유자이기도 하다. 그들은 어떤 어려움이 있어도 끝까지 포기하지 않고 성취해낸다.

나는 창업을 꿈꾸는 사람들에게 이렇게 말하고 싶다. 당신에게 300만 원이 있다면 300만 원의 절박함으로 시작하라. 그 절박함이 당신을 성공의 문 앞으로 이끌 것이다. 죽기 아니면 까무러치기로 해서 안 될 일은 없다. 우리는 300만 원으로 시작해서 불과한 달 만에 절박한 상황을 극복하고 밥은 먹을 수 있게 되었다.

진실한 사랑은
시간을 뛰어넘는다

줄리엣의 편지처럼 가슴의 소리를 따라간다

사랑에 빠진 남자는 현명하고 더욱 현명해지며
사랑받는 대상을 바라볼 때마다 새롭게 보게 되고
그의 눈과 마음은 그 사랑의 대상이 지닌 미덕을 이끌어낸다.

랄프 왈도 에머슨

'아무리 힘든 상황이라도 사랑하는 사람과 함께라면 행복할
수 있어! 절대 내 선택에 후회하지 않을 거야!' 나는 제주로 내려
올 때 이렇게 생각하고 다짐했다. 어떠한 어려움이 닥친다 해도
남편과 함께한다면 극복할 수 있을 거라는 믿음과 그에 대한 사
랑이 있었다. 이러한 믿음과 사랑이 있었기에 무일푼이 되어버린
남편을 따라 무작정 제주로 내려온 것이다.

꽃집을 창업하기로 결심한 우리는 12월 중순경, 조천에 있는
작은 방과 부엌이 딸린 8평의 가게로 이사를 했다. 바람이 몹시

많이 불던 날이었다. 새삼 제주에 바람이 많다는 것을 실감했다. 바닷가에 있는 마을이라 바람 소리가 마치 귀신 소리처럼 을씨년스럽게 들렸다. 연세 180만 원을 지불하고 나니 120만 원이 남았다. 준비 기간을 한 달로 잡고 예상되는 지출 내역을 뽑아보았다.

'간판 50만 원, 전화 30만 원, 페인트 재료비 10만 원, 기타 잡비 10만 원, 예비비 10만 원.'

한 달 안에 개업을 하고 돈을 벌지 않으면 굶어 죽을 판이었다. 오랫동안 비어 있던 가게라서 손볼 데가 많았다. 우선 꺼진 마룻바닥부터 고치기 시작했다.

가게 바로 옆에 고추방앗간이 나란히 붙어 있었는데 젊은 아주머니 혼자서 가게를 지키고 있었다. 우리가 이사를 오자 신기한 듯이 자주 와서 들여다보았다. 고추방앗간 아주머니는 하루 종일 가게를 열어놓는 것이 아니라 일이 있을 때만 문을 열고 고추를 빻는다고 했다. 워낙에 작은 동네라 어느 집 누가 고추를 빻아야 한다고 연락을 하면, 그때 와서 방앗간 기계를 돌리는 식이었다. 아주머니의 남편은 택시 기사였다. 그는 방앗간을 들렀다가 가게 수리를 하고 있는 남편과 금세 친구가 되었다. 연장을 빌려주고 작업하는 것을 도와주기도 했다.

부서진 마룻바닥은 어느 정도 메워지고 마무리되었다. 다음 작업은 유리문에 닥지닥지 붙어 있는 광고 스티커를 면도칼로 떼는 일이었다. 바깥쪽에 붙은 스티커는 오래되어서인지 잘 떼어지지도 않았다. 겨울 날씨는 매서워서 잠깐 사이에도 손발이 얼어붙었다. 손을 호호 불면서 스티커를 떼고 있는 우리 부부를 지나가던 사람들이 힐끔힐끔 쳐다보았다.

식대를 아끼기 위해 거의 매일 주인집 할머니가 주신 김치에 라면을 삶아 먹었다. 한번은 라면에 질려 바로 앞에 있는 식당에서 밥을 사 먹었다.

"여기 육개장 두 그릇이요!"

"무슨 가게를 하려고 하는 거요?"

주문을 받던 아주머니가 물었다.

"꽃집이요."

"시골에서 무슨 꽃집을 한다는 거요? 쯧쯧."

그러더니 함께 일하는 아주머니랑 수군수군거렸다.

"육짓것들은 못 말린다니까, 무슨 이런 시골에서 꽃집을 한다고 말이야."

'육짓것들'이란 말에 나는 깜짝 놀랐다. 마치 욕하는 것처럼 들렸다. 그렇지만 동네 사람과 싸울 수도 없으니 그냥 못 들은 척하고 밥을 먹었다. 어찌나 배가 고프던지 밥 한 그릇을 뚝딱 먹어 치웠다. 추운 겨울날 작업 후에 먹는 육개장은 꿀맛이었다.

시간이 지나면서 차츰 알게 되었는데 '육짓것'이란 바다 건너 육지에서 온 사람을 비하하는 말로, 인정머리 없고 자신의 실속만 챙겨 남에게 피해를 입히는 사람을 뜻했다.

　제주는 서기 1105년 고려 숙종 때 고려의 행정구역으로 편입되기 전까지는 '탐라'라는 독립 국가였다. 그런데 고려에 복속된 이후 북방민족들에게 계속해서 시달림을 받았다. 몽고의 지배를 받기도 했었고, 제주로 부임한 탐관오리들의 악행으로도 고통받았다. 일제 강점기에는 일본군이 제주를 전쟁기지로 삼으면서 강제 노역에 시달리기도 했다.

　근대 제주4·3사건 때는 토벌대들이 들어와 제주도민을 전부 다 죽이려들기도 했다. 그때 많은 남자들이 죽임을 당해 제주에는 남자보다 여자가 많아졌다. 제주 사람들이 육지 사람들에게 배타적인 것은 어쩌면 당연한 일인지도 모르겠다.

　'시엣것들'이란 말도 가끔 하는데, 제주시에 살던 사람이 촌에 들어와 살게 되면 머지않아 제주시로 다시 가거나, 좀더 도시적인 곳으로 간다는 뜻으로 사용한다. 다시 말해 시엣것들은 아무리 잘해주고 정을 주어도 결국 떠난다는 의미다. '육짓것들' '시엣것들'이란 말은 이런 섭섭하고 배타적인 의미가 깔린 말이다. 물론 근래에 그런 말들은 거의 사라지고 있다.

　육개장을 먹으러 점심 때마다 가곤 했지만 식당 아주머니의 퉁명스럽고 쌀쌀맞은 모습은 변함이 없었다. 달리 갈 만한 식당도 없었기에 거의 매일 그 식당에 갔다. 그래도 이 얼큰한 육개장 한 그릇으로 제주의 세찬 겨울바람을 이겨낼 수 있었다.

제주에 와서 알게 된 토산품 가게 사장님이 이사를 하게 되었는데, 필요하다면 앵글로 짠 유리 진열장들을 가져가라고 했다. 남편은 바로 달려가서 하루 종일 이삿짐 나르는 것을 도와주고 진열장을 얻어왔다. 진열장을 들여놓자 어느 정도 가게 모양새가 나왔다.

　"꽃집 이름을 무엇으로 할까?"

　"음, 조천화원이 어때?"

　남편은 바로 상호를 지었다. 이왕이면 '꽃집'이라는 단어보다는 규모가 있어 보이는 '화원'이란 단어를 택한 것이다. 조천리는 북제주군 조천읍에 속해 있었는데, 조천읍 단위에 포함되는 '리'는 신촌리, 조천리, 함덕리, 선흘리, 대흘리 등으로, 생각보다 규모가 컸다. 우리가 자리 잡은 조천리에는 조천읍사무소가 있었다. 그 외에도 규모는 작지만 파출소, 농협, 우체국, 한국통신 등 웬만한 관공서들이 다 모여 있었다. 이만하면 괜찮은 상권이라는 생각이 들었다.

　남편은 상호를 짓는 것부터 '조천 마케팅'을 염두에 두었다. '조천화원'이라고 하면 조천읍 단위를 다 포함하는 화원이 된다. 제주도에서 가장 많은 인구가 살고 있다는 함덕리에는 '함덕꽃집'이 있었다. 그러나 행정구역상으로는 함덕리조차도 모두 조천읍에 속해 있었다. '조천화원'은 조천읍 전체를 대상으로 마케팅을 하기 위한 전략적인 상호였던 셈이다.

"진실한 사랑은 시간을 뛰어넘어요. 그리고 절대 변치 않아요."라는 영화 〈레터스 투 줄리엣〉에 나오는 편지처럼, 가난하고 힘든 시절 남편과 함께 우리나라 최남단 제주도 조천읍 조천리라는 낯선 곳에서 시작한 작은 화원이지만, 우리는 사랑과 믿음으로 모든 것을 헤쳐 나갈 수 있으리라 믿었다.

영화 〈레터스 투 줄리엣〉은 50년 전 비밀스러운 사랑을 고백하는 편지에 작가 지망생 소피가 답장을 하게 되면서 일어나는 이야기다. 답장을 받은 클레어는 손자 찰리, 그리고 소피와 함께 첫사랑 찾기를 시작하고 결국 첫사랑 연인과 다시 만나 황혼의 결혼식을 올린다. 소피는 여성의 비밀스런 사랑을 고백하는 '줄리엣의 발코니'에서 우연히 발견한 클레어의 편지에 이렇게 답장을 보낸다.

줄리엣의 편지

이제 50년 전 선택은 기억에서 지워버리고 "사랑에 늦었다는 말은 없다." 이 한 가지만 기억해요. 그 사랑이 진실이었다면 절대 변하지 않아요. 이젠 용기를 내세요. 가슴의 소리를 따라가는 거예요.

사랑을 다 알지는 못하지만, 때로는 가족을 떠나고 먼 바다를 건너야 한다 해도, 그 뜨거운 사랑을 느낄 수만 있다면 저는 용기를 내어 그걸 잡겠어요. 눈물로 엇갈린 운명, 용기로 되돌릴 수 있어요. 당신의 힘이 될게요!

나는 줄리엣의 편지처럼 시간을 뛰어넘는 사랑이 존재한다고 믿었다. 그리고 제주의 한 시골 마을 꽃집으로 시작해서 성공할 수 있을 것이라고 생각했다. 그것은 절대 변치 않을 진실한 사랑의 존재를 믿었기 때문에 가능한 생각이었다.

일단 로또부터 사고 나서
행운을 빌어라

빈털터리 엠제이, 어떻게 '부의 추월차선'으로 갈아탔을까?

사업을 '돈이 열리는 나무'로 만들어
시간으로부터 자유로워지지 않는 한,
미래가 없는 직장인의 삶이나 다름없다.

엠제이 드마코

한 게으름뱅이 노숙자가 기도했다.

"하느님, 저는 태어나서 마흔이 되도록 결혼도 못하고 자식도 없습니다. 부모에게서 버림받고 집도 절도 없는 고아입니다. 불쌍한 저에게 로또 한 번만 당첨되게 해주세요. 그러면 평생 하느님을 믿고 의지하면서 착한 일 많이 하고 살겠습니다."

간절한 기도를 들으셨는지 하느님이 대답했다.

"일단 로또부터 사고 나서 소원을 빌거라!"

'실행'의 중요성을 강조하는 이야기다. 성공한 사람들은 오늘 해야 할 일은 지금 당장 완수해버린다. 우물쭈물하다가 기회를 놓치는 어리석은 일은 만들지 않는다. 망설이다가 흘러간 시간은 다시 오지 않는다는 것을 잘 알기 때문이다. 성공하는 사람들의 습관을 본능적으로 알았던 것일까? 우리 부부는 일단 결정하고 나면 망설임 없이 바로 실행에 옮겼다.

남편이 가게 인테리어를 하는 동안 나는 제주시에 있는 그린 꽃방 사장님에게 꽃꽂이를 배우러 갔다. 그런데 꽃방 사장님이 너무 바빠서 개인 지도를 해줄 시간이 없었다. 어깨 너머로 꽃바구니와 꽃다발 만드는 법을 보면서 혼자서 한 번씩 만들어보았다. 내게 디자인 감각이 있었는지 얼추 꽃다발 모양은 나오는 듯했다.

꽃방은 상품을 만들고 꽃을 정리하는 일로 무척이나 바빴기에 내가 3일 동안 꽃방을 다니면서 할 수 있었던 것은 꽃다발 포장하는 것과 꽃바구니 꽂는 것을 유심히 보는 것뿐이었다. 사장님에게 실제로 배운 것은 고작 서너 시간 정도였다.

가게 수리가 어느 정도 마무리되자 가진 돈이 바닥나버렸다. 가게에 진열할 상품이 있어야 하는데 물건을 구매할 돈이 한 푼도 남지 않은 것이다. 용기를 내어 무작정 화훼 도매하는 농장 사장님을 찾아갔다.

"사장님, 저희가 현재 가진 돈이 없습니다. 상품을 외상으로 부탁합니다. 결제는 2달 후에 할게요." 생각해보면 정말 어이없는 부탁이었다. 언제 봤다고 처음부터 외상 거래를 부탁할 수 있었는지, 또 그런 용기는 어디서 나왔는지. 그런데 다행히도 도매하는 농장 사장님들은 1달 외상을 조건으로 흔쾌히 허락해주셨고, 특히 생화 도매를 하는 에덴화원 사장님은 2달 후에 결제해도 되게 배려해주었다. 육지에서 온 생면부지의 사람들에게 싫은 내색 하나 없이 외상 거래를 허락하다니…. 눈 감으면 코 베어 간다는 서울에서는 있을 수 없는 일이었다. 그만큼 제주의 사람들은 순박하고 인정이 넘쳤다. 그분들의 배려가 없었다면 어떻게 되었을까? 지금 생각해도 정말 고마운 분들이다.

조화로 된 상품은 벽에 걸고 생화와 관엽식물로 가게를 채웠다. 공간이 좁아서 상품을 조금만 들여놓아도 가득 차 보였다. 생화는 에덴화원 사장님이 직접 배달해주셨다.

"내일 개업하시는데 '에덴화원' 이름으로 화환 하나만 세워주세요."

사장님이 부조금을 넣은 봉투를 건네면서 말했다. 제주에서는 개업을 하는 집에 주로 동그란 화환을 세워놓는다. 지인들이 발전하라는 뜻으로 1만 5천 원짜리 화환을 꽃집에 주문해 보내는 것이다. 가게에서는 우리끼리 하는 말로 일명 '동그랑땡'이라고 불렀다. 그런데 '꽃집 개업을 하면 무엇을 보내나?' 하고 궁금해하던 차에, 에덴화원 사장님이 "개업 당사자인 꽃집 사장님이 주문을 받고 직접 만들어서 세워놓으시면 돼요." 하고 알려주신 것이다.

하지만 막상 꽃집 개업을 한다 해도 알릴 곳이 없었지만 개업을 한 가게에 화환이 하나도 세워져 있지 않으면 이상하게 보일 것 같았다. 내가 이런 걱정을 하자 남편은 친구들 이름과 친분이 있는 유명 인사들의 이름을 20개 정도 정리해 화환지에 매직으로 크게 썼다. 실제 개업 사실을 알리지도 않았고 주문도 받지 않았지만 동네 사람들에게 '조천화원'의 개업을 성대하게 알리려는 작전이었다. 하여간 남편의 전략적 사고, 일명 '잔머리'는 혀를 찰 정도다.

개업 당일 아침, 일찍 일어나 화환을 만드는 대로 족족 가게 앞에 세웠다. 개업용의 동그란 화환은 가운데 부분에만 꽃을 꽂아놓으면 되기 때문에 쉽게 만들 수 있었다. 최대한 예쁘게 꽃을 꽂고 관엽 화분도 밖에 내다놓고 리본에 '축 발전'이라고 써서 화분에 매달았다. 나름대로 성대하게 개업 날 아침을 맞고 있었다. 가게 앞으로 동네 사람들이 드문드문 지나갔다. 그리고 손님도 없는데 분주하게 화환을 제작하고 있는 꽃집 부부를 신기하다는 듯이 바라보곤 했다.

제주에 정착한 우리 부부는 조천이란 낯선 동네에서 꽃이라고는 장미, 프리지어, 안개꽃밖에 모르면서 꽃집을 창업했다. '그래,

먹고살 수는 있을 거야.' 무식하면 용감하다고, 일단 저질러본 정말 두려움 없는 시작이었다. '과연 조천이라는 동네에서 꽃집을 성공적으로 경영할 수 있을까?'라는 의심은 하지 않았다. 조금 두렵고 떨리는 마음으로 '꽃'이라고 쓰인 문을 살며시 밀고 발을 들여놓았다.

빈털터리에서 30대에 억만장자가 된 엠제이 드마코^{MJ DeMarco}는 "돈은 버는 게 아니라 창출하는 것이다."라고 조언한다. 그리고 월급쟁이로 일하는 대신 창업을 하라고 충고한다. 그는 그의 책 『부의 추월차선』에서 부유해지기 위한 삶의 방식을 도로를 달리는 차선에 빗대어 추월차선을 타는 것에 대해 이렇게 썼다.

가난한 사람에게 몇백 달러가 주어졌다고 가정해보자. 그 사람은 새로 신발을 구입해 '인도'로 걸어가는 삶을 살 수도 있고, 이 돈을 저금해서 '서행차선'으로 갈 수도 있다. 하지만 몇백 달러로 아이폰을 구매해서 교육 애플리케이션을 깔고 강의를 들을 수도 있다. 그렇지 않으면 전자책을 구매할 수도 있을 것이다. 이것이 '부의 추월차선'으로 가는 길이다.

우리 앞에는 많은 선택의 길이 있다. 어떤 것을 고를지는 자신의 선택이다. 인도를 걷는 삶은 남에게 과시하기 위해 과소비를 하거나 향락에 몰두하는 삶이다. 서행차선으로 가는 것은 월급의 일부를 펀드나 저축에 넣고 성실한 삶을 사는 것이다. 부의 추월차선으로 가는 것은 젊은 나이에 빠른 시간 내에 부를 창출해 자유로운 삶을 사는 것이다.

그는 인도나 서행차선이 아닌 부의 추월차선을 타고 가야 한다고 말한다. 몇 년간 하루 24시간을 집중적으로 일하더라도 최대한 빨리 부를 획득해 젊을 때 부유한 삶을 누리라는 말이다. 그렇다면 어떻게 젊은 나이에 많은 돈을 벌 수 있을까? 엠제이 드마코는 리무진 운전기사로 일하다 리무진 예약 서비스를 창업해 부의 추월차선에 올라타고 소원하던 대로 '젊은 부자'가 되었다.

당신은 이제 선택해야 한다.

'인도'를 선택할 것인가?

'서행차선'을 선택할 것인가?

아니면 '부의 추월차선'을 선택할 것인가?

텃세가 세서
명당이다

어지간해선 조천에서 살아남을 수 없다고?

우리는 두려움의 홍수를 버티기 위해서
끊임없이 '용기의 둑'을 쌓아야 한다.

마틴 루터 킹

"여보! 빨리 나와 봐. 화환에 꽂아놓았던 꽃이 하나도 남지 않
고 사라져버렸어!"

"뭐라고요? 꽃이 사라져버렸다고요?"

잠깐 쉬던 중에 남편이 외치는 소리를 듣고 밖으로 나가보았다.
지나가는 사람은 한 명도 없었는데 생화를 꽂아놓은 화환에 꽃이
하나도 없다. 누군가 다 뽑아가 버린 것이다. 화환을 세워놓은 지
10분도 지나지 않아서 일어난 일이었다. 애써 예쁘게 꽂은 꽃들
을 그렇게 잽싸게 뽑아가다니, 정말 너무하다는 생각이 들었다.

처음에는 욕심 많은 동네 사람들이 다 뽑아간 줄 알았다. 그런데 나중에 알고 보니 개업집 앞에 세워놓은 꽃은 원래 뽑아가는 것이라고 한다. 많이 뽑아갈수록 번창할 것이란다. 꽃집을 개업해놓고 그런 기초 상식도 모르고 있었다니, 개업 첫날부터 씩씩거린 것을 생각하면 어이없는 웃음이 나온다.

개업했다고 동네 사람들이 와서 작은 화분을 하나씩 구입해갔다. 위치가 너무 외져서인지 개업 당일인데도 점심 때가 지나자 가게는 금세 한산해졌다.

좁은 매장에서 화환 꽂는 작업을 한차례 하고 나니 바닥은 온통 꽃을 자르고 난 쓰레기로 가득 찼다. 꽃을 다듬고 화환을 만들어보니 꽃은 가장 윗부분에 있는 꽃송이만 사용하고 줄기 아랫부분은 대부분 잘려나가 쓰레기가 된다. 물통을 나르고, 쓰레기를 치우고, 화분을 정리하고 나니 하루가 눈 깜짝할 사이에 가버렸다. 매출이 가장 궁금했다.

"오늘 하루 매출 8만 5천 원."

"와, 이제 살았구나! 하느님 감사합니다."

'정말 다행이다.' 하며 안도의 한숨이 저절로 나왔다. 연고도 없는 동네에 와서 장사를 하고 첫날부터 현금이 들어오니 기분이 좋았다. 상품을 모두 외상으로 들여놓았는데 매출이 없으면 당장 앞날이 깜깜했을 것이다. 그렇게 되면 그야말로 사막 한가운데서 길을 잃은 셈이다.

여러 번 구직과 창업에 실패한 뒤 '꽃'이라는 기회가 우리 앞에 다가왔다. 작지만 꽃집을 시작하면서 우리 앞에는 '꽃 세상'이라는 또 다른 세상이 보이기 시작했다. 인생에서 위기는 절대 혼자 오지 않는다. 위기가 왔을 때 절망하지 말고 그 뒤에 감추어진 희망을 보아야 한다. 희망을 볼 수 있다면 절망은 디딤돌 삼아 다시 시작할 수 있는 기회가 된다. 위기가 곧 기회인 것이다.

조천에 화원을 개업하자 "서울에서 온 부부가 이런 촌에서 얼마나 버틸까? 그것도 육지 사람들이 아무런 연고도 없는 조천에서 과연 얼마나 살 수 있을까?"라며 동네 사람들이 수군거렸다. 조천은 제주도에서도 특히나 텃세가 심하기로 유명했다. 제주도는 대체로 동쪽 사람과 서쪽 사람으로 나뉘는데, 서쪽에 있는 사람들보다 동쪽에 사는 사람들이 더 억세고 거칠다고 한다.

마을이 들어선 지 400여 년이 된 '조천'은 '아침 해가 떠오르는 하늘' '뭍으로 나가는 사람들이 하늘을 쳐다보며 일기를 예측하던 풍향 관측소^{朝天館}가 있는 곳'이라는 뜻에서 유래되었다. 『탐라지』에는 "육지로 나가는 사람들이 바람을 기다리는 곳이기 때문에 조천^{朝天}이라 했다."라고 적혀 있다.

'머리 좋은 조천, 힘 좋은 대정, 배짱 좋은 중문, 입심 좋은 애월.' 제주도의 지역적 특성과 관련해 오래전부터 전해오는 말이다. '머리 좋은 조천'이라고 조천 사람들을 일컫는 데는 나름대로 역사적 배경이 있다. 조천은 구한말과 일제 강점기를 거치면서 수많은 애국지사와 사상가를 배출했다. 조천 포구 입구에는 '연북정'이라는 작은 정자가 있는데, 그곳은 제주로 귀양 온 선비들이 임금에 대한 사무치는 마음을 달래면서 보냈던 곳이다. 조천 포구는 조선조부터 제주로 유배된 사람들이 들어오고 뭍을 왕래하던 사신과 조공선들이 드나들던 관문이었다.

일제 강점기 때는 일본을 운항하던 여객선이 정기적으로 들렀던 곳으로 섬과 육지를 연결하는 교통 중심지의 역할을 했다. 이러한 환경 때문에 다른 지역에 비해 일찍 개화된 조천은 선진 문물을 빨리 흡수할 수 있었고, 높은 향학열로 일제 강점기에도 서울과 일본 등지로 유학을 간 젊은이들이 많았다. 그로 인해 훗날 조천에서 지식인과 선각자들이 많이 배출되었다.

조천 출신 지식인들은 일본을 드나들면서 크고 작은 항일운동을 했다. 그래서인지 관공서장 외에는 일본군들조차 조천 사람들이 무서워서 마을에 들어가길 꺼렸다. 어쩔 수 없이 지나갈 일이 있어 말을 타고 가다가도 조천리에 다다르면 마을 사람들에게 몰매를 맞을까 두려워 말에서 내려 겸손하게 지나갔다고 한다.

조천의 만세동산은 제주에서 최초로 '3·1 만세운동'이 시작된 곳이다. 1919년, 유학생들을 중심으로 서울에서 시작되었던 기미년 독립만세운동이 조선의 최남단인 제주도에서 동시에 일어났다는 점은 실로 놀랄 만한 일이다.

해방 이후 한국 현대사의 최대 비극인 제주4·3사건의 지도부도 조천 출신이다. 일부에서는 영웅으로, 다른 한편에서는 비극을 초래한 장본인으로 이중적인 평가를 받고 있는 인민유격대 총사령관 이덕구와 부사령관 김대진 등이다. 이 사건으로 조천 사람들이 많이 연루되어 정보기관에 끌려가 고초를 받았다고 한다. 역사적으로도 아픔이 많은 조천 사람들은 다른 지역 사람들에 비해 자존심이 강하고 남에게 뒤처지는 것을 매우 싫어한다. 그래서인지 "조천 사람이 앉았던 곳에는 풀도 나지 않는다."라는 말이 있을 정도다.

텃세가 세서 명당인가? 그만큼 조천에서는 머리 좋은 지식인과 사상가, 선각자가 많이 배출되었다. 반면 육지 사람들이 이사를 오거나 장사를 하면 1년도 채 안 되어서 도저히 살지 못하고 이사를 가는 곳이기도 하다. 어지간해서는 조천에서 살아남을 수 없다고 다들 이야기한다. 또한 조천에는 깡패가 많기로 유명했다. 오죽했으면 '조폭'의 어원이 '조천의 폭력배'에서 나온 말이 아니냐고 할 정도다. 조천 사람들이 세긴 센 모양이다.

우리 부부는 이렇게 텃세가 세고 무시무시한 동네에서 꽃집을 시작했다. 만약 그런 사실을 알고 있었더라면 조천이라는 살벌한 마을에서 창업을 하지는 않았을 것이다. 아무것도 모르니 이 동네에 이사를 올 수 있었다. 때로는 아무것도 모르는 게 약이다.

눈빛으로 마음을 뚫고
그들과 뒹군다

세상에는 갈칫국을 '먹어본 사람'과 '먹어보지 않은 사람'으로 나뉜다

> 모든 부와 성공, 물질적 이득, 위대한 발견,
> 발명, 성취의 원천은 사상과 아이디어다.
>
> 마크 빅터 한센

화원을 열기 전에 우리는 둘만의 마케팅 회의를 했다. 이 작은 동네에서 무일푼으로 할 수 있는 홍보 방법이 무엇일까? 일단 우리는 작은 꽃바구니를 만들어 동네 기관장이나 어르신들을 찾아 인사 드리기로 했다. 또 그것이 도리라고 생각했다.

'맨땅에 헤딩하는' 심정으로 무작정 마을 이장님 댁을 찾아가서 인사 드리고 꽃바구니를 건넸다.

"꽃집이 생기니까 동네가 환해졌네. 동네 사람들이 무뚝뚝한 것 같아도 정이 많은 사람들이에요. 열심히 하다 보면 좋은 일이 생길 거예요."

이장님은 무슨 꽃바구니를 가져왔냐고 말하면서도 좋아하셨다. 그러고는 귤을 먹으라고 한 상자 주셨다. 이장님을 시작으로 읍사무소, 소방서, 파출소, 농협 등 마을에 있는 관공서장님들을 찾아뵙고 조천에도 꽃집이 생겼다는 것을 알렸다.

조천초등학교 교장실에 갔을 때의 일이다.

"교장 선생님, 저희가 조천에 꽃집을 개업했는데 인사드리러 왔습니다. 잘 부탁드립니다."

"그래요. 마침 화분이 하나 필요했는데 잘됐네요. '켄자야자' 하나 배달해주세요. 얼마인가요?"

"네, 3만 5천 원만 주세요."

"가격이 그렇게 저렴한가요?"

"예, 잘해드려야죠."

"앞으로는 조천화원에 꽃을 주문해야겠네요."

남편이 주문을 받아왔다. 내가 켄자야자가 어떤 나무인지 알고 주문받았냐고 물었다.

"글쎄, 잘 모르는데 모른다고 하면 안 될 것 같아서 일단 주문부터 받아. 꽃집 사장님이 식물 이름을 모르면 이상하잖아."

그런데 나무 가격을 알아보니 도매가가 5만 원이었다. 배달까지 감안하면 최소한 7만 원은 받아야 하는데, 상품 원가에도 못

미치는 3만 5천 원에 주문받고 배달까지 해주어야 하는 상황이
된 것이다.

"여보, 교장 선생님께 다시 말씀드리고 돈을 더 받아야 하지 않
을까요?"

"이미 주문받았는데 가격을 어떻게 다시 말해⋯."

어쩔 수 없이 손해를 보고 켄자야자 화분을 배달했다. 그날 이
후로 우리는 꽃과 식물의 이름을 닥치는 대로 외우고 나무 모양
을 익혔다. 도매 농장에 갈 때마다 농장 사장님이 귀찮아할 정도
로 이름을 묻고 또 물었다. 식물의 종류는 헤아릴 수 없이 많았다.
게다가 수백 종에 달하는 절화 식물들은 이름을 외우기가 더욱
어려웠다.

매장에 들어오는 장미 종류의 이름만 해도 카디날, 롯데, 비탈,
블랙뷰티, 아쿠아 등이 있었고, 수만 종에 이르는 소국은 너무 많
아서 나열하기도 힘들 정도였다.

간? 봔? 완? 고라! 알안! → 갔니? 봤니? 왔니? 말해봐! 알았어!

그랬쑤까? 저랬쑤까? → 그렇게 했습니까? 저렇게 했습니까?

제주도 사투리와 표준어다. 제주도 사투리의 강한 발음은 짧고
퉁명스러우며 말소리는 크고 거칠다. 얼핏 들으면 건방진 말투처
럼 들리며, 시비를 걸거나 화가 난 사람으로 비춰지기 십상이다.

이러한 특징은 강한 바람의 영향을 받은 것이다. 길고 부드러운 발음은 바람이 많은 밭이나 바다에서 일을 할 때는 통하지 않는다. 그래서 제주 사람들의 말은 짧고 강한 발음으로 점점 변해갔다고 한다.

예를 들어 "옆으로 조금 비켜 앉아 주시겠어요."는 "쏙갑써."라고 한다. 처음 입대한 교육병이 육지에서 파견된 대대장에게 "쏙갑써."라고 했다가 맞아 죽을 뻔했다는 이야기도 있다. 짧고 간결하기에 성질 급하고 빠른 것을 좋아하는 현대인들에게는 적합한 언어가 아닌가 하는 생각도 든다.

제주의 상인들은 물건을 팔 때 손님이 묻는 말에 대답을 잘 하지 않는다. 여러 번 물어야 겨우 짧게 몇 마디 할 뿐이다. 식당에 가도 주문하기 부담스러울 때가 있다. 주문을 하든지 말든지 마음대로 하라는 태도 때문이다. 반찬을 다 먹어도 더 달라고 하기 부담스러울 정도다. 얼굴에 웃음기가 없고 무섭기까지 한 곳도 있다. 그나마 친절하다고 생각되는 곳은 예외 없이 육지 사람들이 영업을 하고 있는 곳이었다. 그러나 제주도 사람들은 특유의 말투와 억센 발음 때문에 불친절해 보일 뿐이지 알고 보면 마음이 따뜻하고 인정이 많은 사람들이다.

세상에는 갈칫국을 '먹어본 사람'과 '먹어보지 않은 사람'으로 나뉜다. 옛날 제주는 너무 가난해 음식을 번듯하게 해먹을 엄두도 못 내던 시절이 있었다. 그때 많은 토속 음식들이 생겨났다. 끓는 물에 된장을 푼 뒤 휘휘 저어 만든 된장국을 즐겨 먹고, 생선을 넣고 끓여 소금으로만 간을 한 '지리'를 만들어 먹었다. 무를 채 썰어 메밀에 싸서 먹는 '빙떡' 또한 어려운 시절에 자주 먹던 음식이었다. 찹쌀로 만든 '기름떡'은 명절에만 맛볼 수 있는 별미인데, 달짝지근하고 고소하며 차진 맛이 입에 쩍쩍 달라붙는다. 갈칫국, 각재기국, 멜국, 몸국, 보말미역국, 빙떡, 메밀수제비 등 제주 토속 음식들은 대부분 소박하고 담백하다.

그 중에서도 원기가 떨어질 때마다 즐겨 먹는 갈칫국은 내가 가장 좋아하는 제주도 토속 음식이다. 처음에는 갈치로 국을 끓인다고 해서 이상하다고 생각했는데, 싱싱하다 못해 투명한 갈치 토막과 시퍼런 배추 잎, 노란 늙은 호박, 그리고 청양고추가 들어간 갈칫국은 뽀얀 국물이 칼칼하고 담백해 그야말로 환상적인 맛이다.

갈칫국을 먹고 나서 음식으로도 힐링이 된다는 것을 알았다. 아무리 기운이 없을 때도 갈칫국을 한 그릇 먹고 나면 다시 힘이 난다. 나는 제주의 음식들을 접하면서 토속 음식들을 좋아하게 되었다. 제주에서 힘이 들 때마다 먹거리로 버틴 날도 많았다. 그야말로 싱싱하고 풍성한 제주의 먹거리는 소박하지만 자연 그대로의 맛이 담긴 최고의 '웰빙푸드'이자 '힐링푸드'다.

조천화원 뒤쪽으로 '장목거리식당'이라고 하는 갈비집이 있다. 가끔 가서 갈비탕을 먹곤 했는데, 언제부터인가 주인 아주머니가 반찬거리를 챙겨주었다. 동네 사람들도 무, 배추, 감귤 등을 가져다 주었다. 제주 사람들은 처음에는 무뚝뚝해도 친분을 쌓아갈수록 정이 많은 사람들이라는 것을 차츰 알게 되었다.

한번은 조천초등학교에서 마을 운동회가 열렸다. 마을 사람들이 한데 모여서 돼지를 잡고 부침개를 부치는 모습을 보니 잔칫집이 따로 없었다. 사람을 좋아하고 나누기 좋아하는 남편은 타고난 성품을 발휘하며 마을 사람들과 잘 어울렸다. 운동회에 가서 인사도 하고 사람들과 막걸리도 마시면서 친분을 쌓았다. 함께 술을 마시면 바로 '형님, 아우' 하는 사이가 되었다.

운동회가 열린 날 저녁 장목거리식당 장우찬 사장님이 우리 가게에 오셨다. 남편과 술을 함께 마시고 난 후 친해진 분이었다. 좁은 가게 방에서 담소를 나누던 중에 문득 동네 어른들을 소개해주겠다고 하셨다. 잘생기고 서글서글한 성격에 의리 하나는 끝내주는 분이었다. 가끔 안사람에게 잘못을 해서 무릎 꿇고 손 드는 벌을 서곤 한다는데, 진담인지 농담인지는 모르겠다. 여하튼 장우찬 사장님 덕분에 마을 사람들을 많이 알게 되었다. 장우찬 사장님은 좋은 인품으로 몇 년 후 이장 선거에 나와 당당히 당선되기도 했다.

조천에서는 마을 사람들과 돼지고기를 먹고 술을 마시며 때론 함께 갈칫국을 먹은 것이 최고의 마케팅이었다. 작은 마을에서의 성공 전략은 눈빛으로 그들의 마음을 뚫고, 진정으로 그들과 함께 뒹구는 것이었다.

눈에서 레이저가 나오는
'또라이'

잘못 건들면 죽는다! 미치광이들!

잘못 먹으면 미친다고 해서
고약한 이름으로 불리는 '미치광이풀'이 있다.
이해원

어느 날 아침이었다. 가게 문을 열고 작은 화분들을 진열하며 매장 안을 정리하고 있었는데 밖에서 인기척이 났다. 얼른 나가 보니 잠깐 사이에 웬 아줌마가 예쁘게 꽃이 핀 아젤리아(철쭉과) 화분 하나를 들고 빠르게 내달리고 있었다. 세상에, 아무리 꽃이 탐나기로 화분을 훔쳐서 달아나다니! 아침부터 어이가 없었지만 '얼마나 꽃이 갖고 싶었으면 꽃을 훔쳐 갈까?' 하는 측은한 마음도 들었다.

그런데 다음 날 아침 가게 문 앞에 누군가 얼갈이배추를 한가득 담은 비닐봉지를 놓고 갔다. 필경 먹으라고 놓고 갔을 텐데, '어제 화분을 훔쳐간 사람이 아닐까?' 하는 생각이 들었다.

제주도에서 가장 좋은 홍보 전략은 무엇일까? 제주도는 육지에 비해 경조사가 정말 많다. 한 달에 한 번 꼴로 제사가 있는 집도 쉽게 찾아볼 수 있다. 사돈에 팔촌까지 모두 모여 살다 보니 매일매일이 잔치에다 제사로 인사 다니기 바쁘다. 그 때문에 제주도 본토박이들은 돈을 모으기가 쉽지 않다고 한다. 경조사를 챙기고 부조금을 내다 보면 돈을 모을 새가 없다는 것이다.

특히 육지에서는 볼 수 없는 '겹부조'라는 것이 있다. 한 집안 경조사에 자신이 아는 사람이 2명이면 봉투를 2개 준비해서 두 사람에게 각각 주어야 하는 것이다. 예를 들어 결혼식에 갔는데 신랑도 알고, 신랑 동생도 아는 사람이면 신랑과 동생에게 각각 부조금을 주어야 한다.

또 제사를 지낼 때는 가족끼리만 오붓하게 지내지 않는다. 동네에 제사를 지내는 집이 있으면 그날 저녁은 그 집으로 동네 사람들이 다 모인다. 아무리 바빠도 늦게라도 가서 인사를 해야 한다. 내가 아는 한 사장님 댁은 제사 때마다 100인분의 음식을 준비하기도 했다. 이 경비도 만만치 않게 들어간다. 핵가족화되어 있는 도시에서는 볼 수 없는 풍경이다. 제주에 연고가 없는 육지 사람들이 제주에 와서 성공하는 이유 중에 하나가 '부조금 나갈 일이 많지 않아서'라고도 한다. 그도 그럴 것이 간혹 서울에 사는 친·인척의 경조사가 있어도 제주에 살고 있기 때문에 참석하지 않아도 이해하는 분위기였다.

조천화원을 오픈하고 잔칫집과 제삿집을 찾아다니면서 인사를 하는 것은 가장 좋은 동네 홍보 전략이었다. 경조사에 인사를 가면 좋은 인상을 주고 바로 친해질 수 있는 것이다. 이렇게 몇 달이 지나자 꽃집에는 남편을 찾는 사람들로 넘쳐났다.

드나들던 사람들 중에는 '재삼'이라는 알코올중독자 아저씨가 있었다. 동네 사람들이 말하길 홀어머니 밑에서 자란 재삼이는 원래 천재였다고 한다. 젊은 시절 한 여자를 사귀고 결혼하려고 했는데, 어머니의 반대로 헤어지게 되었다. 그 후로 다른 여자는 만나지도 않고 날마다 술만 마시면서 '주태백'으로 살았다. 그러다 어머니는 돌아가시고 재삼이는 알코올중독자가 된 것이었다. 재삼이는 이삼일에 한 번씩 소주병을 들고 꽃집에 들러서 중언부언하다가 갔다.

또 한 사람은 알코올중독자 아줌마였는데 매일 소주병을 들고 동네를 돌아다녔다. 무슨 사연인지 모르겠지만 어린 자녀들이 술에 취해 돌아다니는 엄마의 뒤를 졸졸 따라다녔는데, 그 모습이 매우 안쓰러웠다.

꽃집에는 남편의 친구들은 물론 동네 깡패들까지 드나들었다. 한번은 무턱대고 가게에 들어와 까칠한 말투로 돈을 꿔달라는 사람이 있었다.

"10만 원만 꿔줘, 며칠만 쓰고 줄게!"

내키지는 않았지만 그냥 주라는 남편의 말에 금고를 탈탈 털어 10만 원을 주었다. 며칠 후 그 사람이 가게에 와서 또 10만 원을 꿔달란다. 어이가 없었다. 지난번 빌려 간 돈도 갚지 않은 상태에서 또 돈을 빌리러 온 것이다. 육지 사람인 우리에게 돈을 갈취해가려는 속셈인 듯했다. 처음부터 빌려간 돈은 갚을 생각도 없었다. 만만히 보이면 계속 올 것 같았다.

"없어!"

이번에는 남편이 노려보면서 단호하게 말했다. 그랬더니 그도 한참을 노려보다가 계속 오면 어쩌나 걱정했는데 무슨 이유에서였는지 그는 다시 오지 않았다.

풀 중에 잘못 먹으면 미친다고 해서 '미치광이풀'이라는 고약한 이름으로 불리는 풀이 있다. 이 풀의 뿌리에는 사람의 신경을 자극하는 성분이 있어서 예로부터 각종 신경계통의 질환에 약재로 쓰이기도 한다. 특히 아트로핀이라는 성분이 있어 과다 복용하면 발작 증세를 일으킬 수도 있다.

미치광이는 옛날에는 주로 정신병자를 지칭하는 말로 '또라이'라고도 했지만, 오늘날에는 무언가에 완전히 몰입하거나 열광한다는 '마니아'라는 의미로 쓰이기도 한다. 전자는 파괴적이고 무가치한 일에 집착하는 증세를 보이고, 후자는 창조적이고 가치 있는 일에 집중한다는 차이가 있다.

　세상에서 부정적이든 긍정적이든 이름을 널리 떨친 사람들 중에는 미치광이라고 불린 천재들이 많았다. 고흐의 경우 사후에 그 위대함을 평가받았지만 그의 생전에는 거의 인정을 받지 못했다. 19세기 독일 작은 공국의 미치광이 왕으로 회자되고 있는 루드비히 2세는 달랐다. 그는 바그너의 음악에 심취했고 백조를 너무 좋아해 성안에 백조를 길렀다. 심지어 국고를 탕진해가면서 세상에서 가장 아름다운 '백조의 성'을 지었고, 왕은 어느 날 성 앞에 있는 그림 같은 호수에서 주검으로 발견되었다. 당시 사람들은 그를 미쳤다고 했다. 그러나 현재 그가 세운 백조의 성은 디즈니랜드의 모델이 되어 어린이들에게 꿈을 키워주고 있고, 독일 최고의 관광 명소가 되었다. 그곳 주민들은 몰려드는 관광객 덕분에 풍요로운 삶을 살게 되었다. 이처럼 미쳐야만 세기의 걸작이 나오는가 보다.

　'미치려면 제대로 미치자.'라는 슬로건 아래 꽃집을 시작한 후, 우리 부부는 마치 미치광이풀을 복용한 사람처럼 꽃에 미쳐가고 있었다. 남편은 조천화원 마케팅에 밤낮으로 집중했고, 나는 꽃을 배우고 디자인하고 판매하는 데 집중했다.

　"타오르는 열망에 실행력과 계획까지 갖추면 이루지 못할 것이 없다."라고 토머스 빌로드는 말했다. 꿈을 향해 달리는 사람들의 눈에서는 레이저가 나온다. 그것은 목표를 향해 쏟아내고 있는 강렬한 빛이다. 우리는 비록 작은 시골 마을에서 꽃집을 시작했지만 누구보다도 큰 열망을 가지고 계획하고 행동했다. 마을 사람들은 우리의 눈에서 나오는 레이저를 보았을 것이다.

목표를 향해 달리고 눈에서는 레이저가 뿜어져 나온다. 마치 미치광이가 된 것처럼! 미치광이가 가는 길은 아무도 막지 못한다. 잘못 건들면 죽기 때문이다. 성공하고자 한다면 꿈에 제대로 미친 미치광이가 되어야 한다.

오직 희망의 속삭임에만
복종한다

기도하라! '뾰로롱' 천사가 나타난다

성공은 원하는 것에 대한 '심상'이 얼마나 뚜렷한가,
'목표 의식'이 얼마나 확고한가, '신념'이 얼마나 꾸준한가,
'감사'하는 마음이 얼마나 깊은가와 정확하게 비례한다.

월러스 워틀스

쿵쿵! 이른 아침부터 가게 문을 두드리고 따르릉 전화기가 울려댄다. 시계를 보니 새벽 6시다. 졸린 눈을 비비고 나가서 문을 여니 밭에 일하러 가다가 들른 이장님이 조천 상동에 치킨집이 개업한다고 화환 하나 세워 달란다. 그리고 1만 5천 원을 주고 바쁘게 가신다. 이것을 시작으로 동네 사람들이 줄지어 화환을 주문한다. 아침밥도 못 먹고 하루 종일 서서 화환을 꽂고 남편이 배달하니 오후 2시가 되어버렸다.

마을에 경조사가 있는 날이면 꽃을 꽂고 화분을 포장하고 쓰

레기를 치우며 온종일 정신없이 바쁘게 움직여야 했다. 그러다 보면 어느새 날이 저물었다. 잔칫집에는 축하화환, 초상집에는 근조화환이 배달된다. 생로병사의 현장에 항상 꽃이 있는 것을 보면 꽃집이라는 업종은 실패할 위험이 작은 사업이었다.

"꽃집의 아가씨는 예뻐요~ 그렇게 예쁠 수가 없어요~ 그녀만 만나면은 그녀만 만나면은 내 가슴 울렁울렁거려요~."

아침저녁으로 꽃집 바로 앞에 있는 버스 정류장에서 남학생들이 노래를 불렀다. 어느덧 겨울이 지나고 봄이 왔다. 꽃집에서 가장 바쁜 계절이 온 것이다. 특히나 5월은 개업도 많고 어버이날, 스승의 날, 성년의 날 등 행사가 많은 달이다. 비록 꽃꽂이를 전문적으로 배우지 못하고 시작했지만 손님들이 오면 자신 있게 포장을 해주었다.

"축하용 꽃다발 하나 만들어주세요."

"무슨 색깔을 좋아하세요? 좋아하는 색으로 포장해드릴게요."

"아가씨가 알아서 해주세요."

오는 손님마다 나를 '아가씨'라고 불렀다. 기분이 좋아져 빨간색과 베이지색 부직포로 최대한 화려하게 포장해주었다. 지금 생각하면 촌스러운 원색적 색조 포장이었는데, 그 당시에는 왜 그렇게 예뻐 보였는지 모르겠다.

날렵한 손놀림으로 꽃을 포장하고 있노라면 손님들은 마술 쇼를 보는 듯이 넋을 잃고 바라본다. 나는 더 신이 나서 10분 만에 완벽하게 포장을 마치고 빨간색 리본을 단숨에 휙휙 만들어 손잡이에 매어준다. 빨간 장미에 빨간색 포장지, 빨간색 리본으로 마무리한 꽃다발을 받아든 손님들은 이구동성으로 말했다.

"와, 정말 예뻐요! 다음에 또 올게요!"

감탄사를 연발하면서 흔쾌히 돈을 지불하고 간다. 꽃바구니와 꽃다발은 주로 내가 만들었고, 3단 화환은 남편이 제작했다.

하루는 근조 3단 화환을 주문받아서 남편이 제작하고 있었다. 보통 3단 화환은 큰 국화 10단 정도가 들어간다. 낱개로 100송이 정도 들어가는 셈이다. 그런데 남편이 만든 화환에는 꽃이 너무 많이 꽂혀 있었다. 족히 150송이는 넘을 것 같았다. 때마침 국화를 가지고 배달온 에덴화원 사장님이 남편이 꽂아놓은 화환을 보더니 이렇게 말했다.

"사장님, 이렇게 배불뚝이가 되도록 꽃을 많이 꽂으면 남는 게 없어요. 국화를 짧게 잘라서 꽂으면 꽃도 덜 들어가고 커 보여요. 이렇게 꽂으세요."

에덴화원 사장님은 직접 꽃을 꽂으면서 시범을 보여주었다. 잠깐 사이에 만들어진 화환은 꽃이 적게 들어가면서도 모양은 훨씬 크고 예뻤다. 사장님은 좋은 꽃을 구매하는 법과 꽃을 오래 보관하는 법에 대해서도 설명해주었다.

그렇게 몇 달이 지나자 조천화원은 조천읍에서 유명한 꽃집이 되었다. 부부가 성실하고 좋은 사람들이라는 소문이 났고, 동네 사람들은 모일 때마다 "조천 사람들은 조천화원에서 꽃을 팔아 주어야지."라고 말했다. 그래서였는지 조천 사람들은 대부분 우리 가게에 와서 꽃을 샀다. 조천 마을 청년회에서도 예전에는 윗동네인 함덕이나 시내에 있는 꽃집에 주문을 했었는데 언제부터인가 조천화원에 꽃을 주문하기 시작했다.

조천에는 깡패가 많다고 하나 성격 좋은 남편 덕분에 동네 깡패들마저도 친구처럼 지내게 되었고 대체로 우리에게 호의적이었다. 잘생긴 인물 때문인지 부녀회에서도 인기가 좋았다.

성공한 사람들의 주변에는 신기하게 도움을 주는 귀인이 적절한 시기에 나타난다. 혼자서는 할 수 없을 때 도움의 손길을 건넨다. 그뿐만 아니라 성공한 사람에게는 운이 좋은 사람들이 모여든다. 성공의 기운을 가진 사람들의 집단이 만들어지면서 성공으로 향하는 디딤돌이 되어준다.

전직 아나운서 손미나는 스페인 유학기를 담은 책 『스페인, 너는 자유다』에서 귀인의 도움을 받은 이야기를 소개한다. 그녀는 한국에서의 아픔을 뒤로하고 스페인 유학길에 오른다. 그곳에서도 지칠 대로 지친 그녀는 친구의 권유로 파리행 비행기를 탔다가 어느 흑인 부부에게 도움을 받게 된다. 흑인 부부는 고급 호텔을 숙소로 제공해주고 파리 시내를 여행할 수 있도록 도와주었다. 그리고 파티 만찬에 초대해주기까지 했다. 흑인 부부에게 손미나는 물었다.

"도대체 저한테 왜 그렇게 호의를 베풀어주신 거죠?"

"언젠가 성공하면 젊은 시절 나와 같은 사람들에게 무언가를 베풀어야겠다고 결심했거든요. 그리고 며칠 전 비행기에서 미나 양을 보고 젊은 시절 힘들었던 내 모습이 떠올랐어요. 꿈을 향해 가고 있는 젊은이가 좌절하도록 내버려둘 수는 없지요. 마음속에 꿈을 간직한 젊은이는 아무런 조건 없는 호의를 받을 자격이 있는 겁니다. 아무리 힘들어도 그렇게 희망이 없는 얼굴을 해서는 안 되는 법입니다. 무엇이 당신을 그토록 괴롭고 힘들게 했는지 다 알 수는 없지만, 여기서 포기하지 않고 다시 힘을 내는 데 제가 조금이라도 도움이 되었기를 바랍니다."

흑인 신사는 어려운 환경에서 자수성가한 사람이었다. 그는 어려운 시기마다 누군가 자신을 도왔고, 자신도 성공하게 되면 자신처럼 힘들어하는 사람을 꼭 돕겠다고 생각했다. 그는 언젠가 꼭 신세를 갚고 싶다는 그녀의 말에 이렇게 답했다.

"미나 양이 중년의 나이가 되었을 때, 꿈을 향해 가는 길에서 힘들어하는 젊은이들을 도와줄 수 있는 사람이 되어 있길 바라요. 그게 저에게 신세를 갚는 겁니다."

몇 년 전 대학생들에게 특강을 하는 손미나를 볼 수 있었다. 그녀는 절망의 순간 자신 앞에 나타나 아무 조건 없이 사랑과 희망을 준 흑인 신사의 말대로, 여행 에세이와 소설을 책으로 펴낸 작가가 되어 자신의 꿈을 이루었다. 그리고 희망의 메시지를 전하는 전도사이자 젊은이들의 로망과 자유의 아이콘이 되어 있었다.

위대한 사람은 인생에서 좋은 시절이나 나쁜 시절이나 변함없이 대담하게 꿈을 좇는 사람이다. 오직 희망의 속삭임에만 귀 기울이면서 길을 가라. 정말로 절실한 꿈은 하늘도 돕는다고 했다. 어려운 일에 부딪칠 때마다 간절한 소망을 기도하고 절실하게 바라라. 틀림없이 '뾰로롱' 하고 천사가 나타나 당신을 도울 것이다. 정말 신기하게도!

나를 바꾸라고?
인간은 절대 안 바뀐다

상상을 하고 소원을 우주에 매일 밤 송신하라!

> 상황은 바뀌지 않는다.
> 다만 우리가 변할 뿐이다.
>
> **헨리 데이비드**

꽃집을 시작하면 하루 종일 예쁜 꽃만 보고 아름다운 선율의 클래식을 들으면서 갓 내린 원두커피를 즐길 수 있으리라고 생각했다. 그리고 사랑하는 사람과 함께 사는 것은 달콤함의 연속일 거라 상상했다. "한번 살아봐!" 하고 충고하던 선배들의 말이 실감났다. '악' 소리가 날 만큼 현실은 냉혹했기 때문이다.

새벽 6시에 일과를 시작해 식사를 마치기가 무섭게 전화를 받고 꽃다발을 포장하고 꽃바구니를 만들고 청소를 하다 보면 금세 점심때가 되었다. 점심 식사를 준비하고 뒤돌아서면 눈 깜짝

할 사이에 저녁이 되어 있었다. 세탁기도 없어 좁은 부엌에서 틈나는 대로 손빨래를 했다. 모든 것을 다하는 슈퍼우먼이 되어야 한다는 것이 힘에 부쳤다.

남편의 가장 치명적인 단점은 화가 나면 확 뒤집어버리는 '버럭' 하는 성격이었다. 운전대를 잡으면 단언컨대 5분 안에 성을 낸다. 자기 생각과 맞지 않으면 제 성질을 이기지 못해 화를 내고 만다. 잘 지내다가도 단 한 번 버럭 화를 낸 상대방에게 상처를 주어 만회하기 힘든 실수를 하기도 하고, 욱하는 성질로 크고 작은 사건을 벌이고는 후회하며 잠 못 이루기도 한다.

제주에 내려오기 전에는 그것이 이렇게 큰 단점인 줄 몰랐다. 오히려 카리스마가 있는 것 같아 멋있어 보이기까지 했다. 그런데 한 이불을 덮고 자는 사이가 되면서 남편의 그런 성격 때문에 악 소리가 나고 머리에서는 김이 모락모락 날 지경이 되었다.

그날도 일에 지쳐서 잠깐 쉬고 있는데, 남편이 벽에 걸린 조화 상품을 보고 화를 냈다.

"꽃에 먼지가 쌓이게 놔두면 누가 상품을 사가겠어?"

"나도 하루 종일 일했어요! 누군 놀고 있는 줄 알아요?"

모든 부부 싸움은 처음에는 사소한 일로 시작한다. 나도 모르게 화가 나서 소리를 질렀고, 순간 남편의 '시한폭탄'이 터졌다. 남편은 아침부터 화를 버럭 내고 집을 나가더니 하루 종일 연락이 없었다. 나도 뛰쳐나가고 싶었지만 가게 문을 닫을 수는 없는 노릇이었다.

부부 싸움을 할 때마다 아는 사람 하나 없는 외로운 제주도를 떠나고 싶었다. 서울로 돌아가고 싶은 생각이 굴뚝 같았다. 그러나 배 속에 아기가 자라고 있어서 차마 그럴 수 없었다. 임신을 한 후로 가게 일이 더 지치고 힘들었다. 그것도 모르고 남편은 사소한 것에도 짜증을 부리고 화를 냈다. 꽃집이 잘된다지만 구멍가게에서 생계를 겨우 유지하는 수준이었다. 카드 회사에서 남편의 채권추심을 독촉하는 전화가 가끔씩 걸려와 가슴이 철렁거렸다. 마음은 심란하고 신경은 예민해졌다. 모든 것이 낯설고 힘들었다.

남편은 "세상에, 꽃집 주인이 상품에 먼지가 쌓이도록 털지도 않고, 정말 못살겠네!"라며 불평했고, 나는 "새벽 6시부터 밤늦도록 노예처럼 일만 하고, 제주까지 와서 내가 왜 고생을 사서 하고 있나? 너무 힘들다!"라는 것이었다.

어떤 때는 싸움이 격해질 대로 격해져서 천사 같던 성품은 온데간데없이 화를 이기지 못한 나는 가게에 있는 화분을 깨부수기도 했다. 그릇을 한 달 동안 깨부수면 온갖 잡귀가 달아난다는 이야기를 어디선가 들었는데, 그 때문인지 모르겠지만 화분을 깨고 나면 속이 후련해졌다. 다음 날 아침이 되면 시한폭탄 같던 남편은 온순한 양이 되어 난장판이 된 가게를 청소했다. '그토록 착한 사람이 이렇게 포악해지다니, 모두 내 책임이야.'라고 생각하는 것 같았다.

내가 화분을 부수는 동안 남편은 트럭을 몰고 함덕 해수욕장으로 향했다. 한적한 곳에 차를 세워놓고 바다를 보면서 소주를 마시다가 트럭에서 잠이 들기도 했다. 잠에서 깨어나면 착잡한 심정에 그대로 트럭에 올라타 액셀러레이터를 밟고 바다로 뛰어들고 싶은 날도 있었다고 한다.

격렬히 싸우다가도 위기 상황이 되면 한마음으로 똘똘 뭉쳐 난관을 헤쳐 나가기도 했다. 그래서 부부 싸움은 '칼로 물 베기'라고 하나 보다. 고생 끝에 카드 빚 등의 채무를 정리하고 자유를 찾는 데 10년이 걸렸다. 지금에 와서야 웃으면서 하는 이야기지만 정말 '가슴 떨리는 사건'의 연속이었다.

착하고 순진하기만 했던 나는 제주에 살면서 점점 더 독해졌다. 그렇지 않으면 도저히 고집 센 남편과 살 수 없었기 때문이었다. 남편은 힘도 세고 몸무게도 많이 나가고 목소리도 엄청 크고 황소고집이었다. 도저히 이길 수는 없었다.

서로 다른 남녀가 좋아하고 사랑하는 것은 쉬운 일이지만 함께 살을 맞대고 산다는 것은 또 다른 문제다. 서로의 다름을 인정하고 살아가기란 정말 힘들다는 것을 제주에 와서 깨달았다. 하지만 모든 것을 되돌리기에는 너무 멀리 와버렸다.

어쩔 수 없이 저녁이 되면 바닷가에 앉아 소주에 소라 한 접시를 놓고 화해 모드로 전환했다. 남편이나 나나 화해를 하는 것 말고는 뾰족한 수가 없었다. 갈 데도 없고 하소연할 곳도 없으니 말이다. 쉽게 떠날 수 없는 제주도라는 지리적 환경이 아니었으면 우리 부부는 벌써 남이 되었을지도 모른다.

시간이 지나면 남편의 불같은 성격이 바뀔 것이라 기대했다. 전보다 조금 좋아지기는 했지만 근본적인 성격은 절대 바뀌지 않는다는 것을 나중에야 깨달았다. 다만 바뀐 척할 뿐이다.

무지개를 보기 위해서는 먼저 비를 맞이해야 하고, 혹독한 겨울을 견뎌야 꽃 피는 봄이 온다. 아름다운 오아시스에 가기 위해서는 사막을 지나야 한다. 남편과 싸울 때마다 절망했지만 먼 훗날 웃으면서 이야기할 날이 올 것이라고 믿으며 견뎌냈다.

옛날 중국에서는 모란꽃을 그릴 때 나비는 함께 그리지 않았다고 한다. 모란꽃은 '부귀영화'를 의미하지만 나비는 '80세'를 의미했다. 화폭에 나비를 그려 넣으면 80세까지만 부귀영화를 누릴 것이라는 한계를 짓게 되기 때문에 그리지 않은 것이다. 모란꽃의 그윽한 향기를 맡으면서 한계 없는 상상을 하며 살아가는 것이 그들의 꿈이었음을 알 수 있다.

우리는 비록 시골에서 작게 시작한 꽃집이었지만 대한민국 최고의 꽃집으로 성장해가는 것을 상상했다. 한계 없는 상상을 하면서 밤이 새도록 소주잔을 기울였다. 그리고 그날 밤 우리가 소원하던 꿈은 저 넓은 우주로 멀리멀리 퍼져나가고 있었다.

오늘 하루 당신이 생각한 것이
당신의 미래다

온종일 붓을 들고 밤에는 돌낙지를 줍는다

> 내게 승자란 신이 부여한 재능을 인정하고
> 그것을 기술로 발전시키기 위해 무한한 노력을 경주하며
> 그렇게 얻은 기술을 목표 달성에 활용하는 자다.
> **래리 버드**

　오랜 세월이 흘렀는데도 특별히 생각나는 선생님이 있다. 바로 초등학교 6학년 때 담임이었던 나화균 선생님이다. 아직까지도 기억이 생생한 것은 선생님의 애정이 우리들에게 전해진 덕분일 것이다. 선생님은 수업을 마친 후에 하루 1시간씩 우리들에게 붓글씨를 가르쳐주셨다. 나는 제법 잘 써서 경시대회에 나가서 상을 받기도 했다. 그런데 그때의 배움을 리본에 경조사용 글씨를 쓸 때 유용하게 사용할 줄은 몰랐다. "배워놓으면 언젠가 필요할 날이 있다."라고 항상 말씀하시던 선생님이 맞았다는 것을 꽃집

을 시작하고 나서 깨달았다.

한가한 날이면 남편은 밥상을 펴놓고 앉아서 하루 종일 붓글씨를 연습했다. 요즈음은 리본에 컴퓨터로 적은 글씨를 프린트하지만 예전에는 '경조사어'와 '보내는 이'를 붓으로 직접 써야 했다. 붓글씨를 한 번도 써보지 않은 남편이 교본을 펴놓고 온종일 다리에 쥐가 나도록 연습하게 된 이유다.

남편은 죽도록 연습을 하더니 한 달 만에 명필가가 되었다. 처음에는 주로 내가 화환지에 글을 썼는데 나중에는 명필가가 된 남편이 도맡아서 쓰게 되었다. 꽃집을 처음 시작할 때는 무슨 일이라도 쉽게 할 수 있을 거라고 생각했다. 그런데 꽃집을 한다는 것은 꽃꽂이는 물론이고 화분 포장과 붓글씨, 그리고 고객관리에 이르기까지 예술적 감각과 경영 능력을 겸비해야 하는 직업이었다.

가게는 먹과 꽃향기로 가득 찼다. 화분을 관리하면서 한 송이의 꽃이 예쁘게 피어나기 위해서는 얼마나 많은 관심과 애정을 쏟아야 하는지 알게 되었다. 향기로운 꽃으로 피어난 장미를 볼 때면 마음속의 근심이 모두 사라지고 기분이 좋아졌다. 상품을 구매하러 농장에 갈 때마다 수많은 꽃들을 보면서 행복해하기도 했다.

아무리 어려운 환경 속에서도 희망이 있으면 어려움을 극복하고 행복할 수 있다. 조천에서의 행복은 희망이 있었기에 가능했다. 우리는 작은 꽃집을 경영하면서도, 가난했지만 결코 가난하다는 생각을 해본 적이 없을 정도로 정신없이 바쁘게 살았다.

꽃집에는 남편과 친구가 된 지인들이 수시로 드나들었다. 일조주유소 박문호 씨는 바다낚시로 잡은 대형 문어와 소주 한 병을 툭하면 들고 왔고, 조천빵집 최화운 씨와 조천만물상회 김종천 씨도 종종 먹거리를 가지고 왔다. 가끔 감귤 농장에서 돼지 또는 말을 한 마리 잡아서 마을 사람들이 모여 고기 축제를 벌였다. 말고기는 육회로도 먹는데 피가 뚝뚝 떨어지는 말고기를 먹는 모습을 보며 식겁하기도 했다. 푸근한 인심과 풍성한 음식의 감칠맛을 느끼면서 지내는 조천에서의 생활은 바닷가 마을에서만 경험할 수 있는 낭만적인 추억이었다.

10월이 되자 아침저녁으로 시원한 바람이 불었다. 남편은 유독 바다 음식을 좋아한다. 그런 남편에게 해산물이 풍부한 바닷가 마을에 산다는 것이 얼마나 좋은 일이었겠는가? 또한 마을에는 경조사가 많아서 제주의 토속 음식들을 실컷 먹을 수 있었다.

하루는 조천만물상회 종천 씨가 왔다. 가을에는 낙지의 졸깃함이 더해져 본격적으로 낙지를 먹어야 하는 계절이라고 돌낙지를 잡으러 가자고 했다.

"형님! 지금 바당(바다)에 나가면 돌 밑에서 돌낙지가 기어 나올 시간이에요. 돌낙지나 잡으러 갑시다!"

"아니, 낙지가 돌 밑에서 기어 나온다고?"

"네, 바닷물이 들어올 시간에 가면 돌낙지들이 돌 밑에 있다가 기어 나와요. '날 잡아 잡수서.' 하고 기어 다닌다니까요!"

종천 씨의 말에 설마설마했다. "나는 가게를 보고 있을 테니, 당신이나 가서 낙지 많이 잡아와요." 하고 남편 등을 떠밀었다. 남편은 신나서 얼른 채비를 하고 나섰다. 몇 시간이 지난 후 전화가 왔다.

"형수님, 저희 집으로 돌낙지 좀 드시러 옵써! 엄청 많이 잡았쑤다."

조천만물상회에는 제법 널찍한 방이 있었다. 그 방에서 상추, 쌈장, 참기름장, 그리고 푸짐한 돌낙지 한 접시가 상 위에 차려졌다. 방금 잡아서 꼬물거리는 돌낙지를 참기름장에 찍어서 한입에 넣고 씹으니 오돌오돌 씹히는 맛이 고소했다. 남편은 이렇게 맛있는 낙지는 처음이라며 신나게 먹었다. 얼마나 많이 잡아왔던지 엄청난 양의 돌낙지를 먹었다. '나도 낙지 잡으러 함께 갈 걸.' 하는 후회가 들었다. 중간에 합류한 조천치킨집, 조천빵집, 일조주유소 부부와 함께 새벽이 되도록 돌낙지 파티를 했다. 쫄깃한 돌낙지의 맛을 잊을 수 없는 조천에서의 밤이 깊어가고 있었다.

남편은 서울 생활을 할 때 언젠가 바닷가 마을에서 사랑하는 사람과 행복하게 사는 상상을 하곤 했다고 한다. 그런데 이렇게 사면이 바다로 둘러싸인 아름다운 제주도 바닷가에 살게 될 줄은 정말 몰랐다고 한다. 그때 남편이 바닷가 마을에 살 생각을 하지 않았더라면 아마도 제주도까지 오진 않았을 것이다.

고등학생이 된 서진이가 미국으로 유학 간 친구를 부러워하면서 말했다.

"아빠! 그때 미국 가서 사는 상상을 하지. 그러면 나도 미국에서 태어나고 미국에서 살았을 텐데…."

"그래, 그때 아빠가 미국에서 사는 꿈을 꾸었으면 지금쯤 미국에서 살고 있겠지. 엄마도 영어를 엄청 잘하는 아메리칸 플로리스트가 되었을 텐데…."

"당신의 미래의 비밀은 당신의 하루 일상에 숨겨져 있다."라고 마이크 머독은 말했다. 당신의 미래는 현재 당신이 어떤 생각을 하고 어떤 생활을 하느냐에 달려 있다. 당신의 현재는 당신이 과거에 생각한 결과물이다. 어떤 이유나 변명을 찾지 마라. 당신이 지금 생각하고 집중하는 것이 당신의 미래다. 현재 생각 없이 살고 있다면 생각 없는 미래가 주어질 것이다. 꽃을 좋아했던 내가 꽃집을 하고 어릴 적 배운 붓글씨로 화환 리본에 글씨를 쓰게 되었다. 남편은 섬에서 사는 상상을 했고 정말로 우리 가족은 제주도에 살게 되었다.

현재 어떤 생각을 하고 있는지 자신을 돌아봐야 한다. 당신의 미래는 바로 지금, 당신이 생각하고 있음을 기억하라.

두드려라,
황금의 문이 열린다

300배 축복, 조천에도 '명동'이 있다

운명이 레몬을 주었다면,
그것으로 레모네이드를 만들기 위해 노력하라.

데일 카네기

1년 남짓 지났을 때 조천에도 서울의 명동 같은 곳이 있다는
것을 알게 되었다. 조천은 동네의 위치에 따라 상동·중동·하동
으로 나뉜다. 상동이 시내 쪽에서 가장 가까운데 이곳이 바로 '조
천 명동'이다.

조천에서 장사가 가장 잘되는 동네는 바로 조천 명동인 상동
이었다. 그곳에는 새마을금고, 한국전력 지소, 소방서, 조천빵집,
조천약국, 조천철물점, 미용실, 슈퍼마켓, 식당 등 웬만한 상점이
모두 모여 있고 조천초등학교와 읍사무소도 가까이에 있었다.

그런데 조천화원은 한참이나 외진 중동과 하동의 중간 지점에 있었다. 상가라고는 하루 종일 앉아 있어도 개미 한 마리 얼씬하지 않는 우리 가게 옆집 제주고추방앗간뿐이었다. 그나마도 고추방앗간은 문을 열지 않는 날이 많았다.

상동에 위치한다면 장사가 훨씬 잘될 것은 자명한 사실이었다. 그렇지만 상동에는 빈 가게가 없을 뿐만 아니라 권리금 없는 가게가 나오는 일도 드물었다. 이제나저제나 가게가 나오길 기다리던 차에 조천 명동에 위치한 한국전력 지소가 이전한다는 소식을 들었다. 관공서가 있던 터라 권리금은 없었다. 남편은 우리가 꼭 그 자리로 가게를 옮겨야 한다고 했다.

연세는 300만 원이었다. 지금 가게보다 2배 정도 넓었고 작은 방과 부엌도 있었다. 조천 명동에 권리금 없는 가게가 나왔다고 하니까 우리를 포함해서 동네 사람 6명이 그곳을 얻으려고 경쟁했다. 우리는 객지에서 이사온 지 얼마 안 되어 상가 주인과 친분이 없었다. 어떻게 하면 좋을까 생각하던 차에 알고 지낸 누님뻘 되는 분이 그곳 사장님과 인척관계라는 것을 알게 되었다. 남편은 그분에게 "누님, 한전 자리에 저희가 들어갈 수 있게 도와주세요. 주인 아저씨에게 잘 말씀해주세요." 하고 부탁했다.

그분은 선뜻 가게 주인인 장보익 사장님을 소개해주었다. 우리는 음료수 한 세트를 들고 찾아갔다.

"사장님, 우리에게 꼭 그 가게 자리를 임대해주세요! 정말 열심히 할 거고요, 그 은혜는 잊지 않겠습니다."

"다른 사람들도 아는 처지에 가게를 서로 달라고 하니 참 난처하게 됐네 그려."

장보익 사장님은 가게에 들어오고 싶어하는 사람들이 모두 아는 사람들이라 누구에게 가게를 내줘야 할지 난처해하면서 생각해보겠다고 했다. 돌아오는 길에 장목거리식당 장우찬 사장님을 찾아가서 이런저런 사정을 이야기했다.

며칠 후에 장우찬 사장님과 우리 부부는 장보익 사장님을 다시 찾아갔다. 그러더니 "꽃집 부부, 정말 성실하고 열심히 사니까 좀 도와줘요."라고 장우찬 사장님이 거들어주셨다. 그분의 영향력이 컸는지 조천명동의 한전 지소 자리는 6명의 경쟁을 뚫고 당당히 조천화원에 낙점되었다. 왜 우리에게 그 자리를 주었는지 자세한 설명을 듣진 못했지만, '아마도 우리의 절실함이 통하지 않았을까.' 하는 생각을 했다.

우리에게 귀인으로 다가온 장보익 사장님, 장우찬 사장님, 장순자 누님 모두 장씨 성을 가진 인척지간이다. 제주도는 한 집만 걸러도 모두 친·인척 관계다. 객지에서 온 우리 부부가 권리금도 없이 조천 명동의 목 좋은 자리에 들어간 것은 조천에서는 이례적인 사건이 아닐 수 없었다.

창업한 지 1년 만에 조천의 명동으로 확장 이전을 했다. 동네 사람들마다 이사하는 날 우리에게 한마디씩 했다.

"와, 300만 원으로 시작해서 1년 만에 조천 명동으로 나가다니, 꽃집 부부 정말 대단하네!"

8평밖에 안 되는 좁은 가게에서 20평 되는 넓은 가게로 옮기니 식물을 많이 들여놓을 수 있어서 기분이 좋았다. 꽃을 오래 보관하기 위해 정육점에서 쓰던 중고 냉장고를 들여와서 생화를 종류별로 넣어놓았는데, 냉장고에 꽃이 싱싱하게 있는 것을 보고 동네 사람들이 신기해했다. 이전 가게에서는 상품 구색만 겨우 갖추고 장사를 했었는데, 이제는 제법 화원 분위기가 나는 꽃집이 되었다.

매장을 옮김과 동시에 우리의 자산도 300만 원에서 대략 1천만 원가량 증가했다. 우리에게 이러한 발전은 300배의 축복과 같은 것이었다. 확장 이전하는 날, 떡과 수건을 사은품으로 돌리고 나서 설레는 마음으로 제2의 도약을 준비했다.

성경에 보면 "구하라, 그러면 얻을 것이요. 두드려라, 그러면 열리리라."라는 말이 있다. '두드려라'라는 말은 두드리는 행동이 필요하다는 것을 의미한다. 즉 '실행력'이다. 다른 사람보다 더 큰 성공을 거두는 사람들의 공통점은 무엇일까? 그것은 생각을 실행에 옮긴다는 것이다.

확실한 목표가 정해졌다면 신념을 갖고 행동으로 옮겨야 한다. 상황이 변하길 기다리지 말고 직접 환경을 만들어라. 그리고 현재의 환경에서 전심전력을 다해서 행동하라. 오롯이 현재 있는 자리에서 최선의 행동을 하라. 그러면 길이 보이고 문이 나타날 것이다. 바로 성공으로 들어가는 문이다.

성공의 비법은 간절한 소원에 '집중'하고 당장 '행동'하는 것이다. 정말로 원한다면 간절히 두드려라! 그러면 '황금의 문'이 열릴 것이다.

성공의 비결은 황금률에 있다
산딸기 아기, '용의 눈물'을 닦아내다
귀신도 울고 간다는 '하눌타리'
하이텔 단말기에서 찾은 보석
밀물이 들어온다, 당신만의 배를 만들어라!
자이를 밟으며 암벽을 기어올라라

3장

실행:
죽기 살기로
돌파하라

올바른 방향을 잡았다면 해야 할 것은 계속 가는 일뿐이다.
때때로 원하는 목표가 너무 멀리 떨어져 있다고 느낄 때가 있다.
시간이 얼마나 더 걸릴지, 실패를 얼마나 더 겪어야 할지 막막할 때가 있다.
그래서 다른 일자리를 찾거나 포기해버리는 사람들도 있다.
그러나 목표를 향해 가는 길에서 어떤 장애물을 만나든,
거리가 얼마나 되든지 간에,
목표 지점에 도착하는 유일한 길은 목표에서 눈을 떼지 않는 것이다.
때로는 아예 방향을 바꾸거나 더 쉬운 길을 택하도록 유혹받기도 하겠지만,
가장 확실한 길은 그것이 설사 가장 빠르거나 수월하지는 않다 해도
가던 길을 곧장 걷는 것이다.
우리가 해야 할 일은 장기적인 안목을 갖고 꾸준히 걷는 것뿐이다.

존 템플턴 「열정」 중에서

성공의 비결은
황금률에 있다

만삭으로 바이킹을 즐기며 온몸으로 트럭을 막는다

> 당신이 원하는 모든 것은
> 두려움 저편에 존재한다.
>
> **잭 캔필드**

"와, 꽃집 아줌마 파마했다!"

횡단보도 건너편 슈퍼마켓 가는 길에 만난 아이들이 나를 보고 하는 말이다. 시골에서는 파마를 한 것도 이야깃거리가 된다. 1년 넘게 살다 보니 동네 아이들까지 모르는 사람이 없을 정도다. 아무개 집에 숟가락이 몇 개인지 알 정도로 좁은 지역이니 말이다. 가게를 이전하고 얼마 안 되어 배 속에는 사랑하는 딸 서진이가 자라고 있었다. 만삭이 되었는데도 배가 별로 부르지 않아서 동네 사람들은 내가 임신한 것도 몰랐다.

남편은 동네 경조사가 있으면 무조건 쫓아다녔다. 텃세가 심하기로 소문난 조천이었지만 우리는 전혀 그런 느낌을 받지 못했다. 동네 사람들이 가져다주는 해산물과 채소들로 항상 밥상은 풍성했고, 도시에서는 느낄 수 없는 인정에 마음이 따뜻했다. 이웃들과 술을 많이 마신 다음 날 아침에는 남편이 배송을 못하는 날도 종종 있었다. 그런 날은 폐차 직전의 트럭을 타고 내가 직접 꽃배달을 하기도 했다.

제주시로 가는 길에는 마을을 벗어나는 지점에 삼양검문소가 있다. 당시 남편은 제주에 내려오기 전 음주운전으로 면허가 취소된 상태여서 가끔은 내가 운전을 하곤 했다. 간혹 남편이 차를 몰고 삼양검문소를 지나가기라도 하면 심장이 두근두근거렸다.

하루는 만삭의 몸으로 직접 트럭을 운전해서 시내로 배송을 나갔다. 차가 얼마나 덜컹거리던지 엉덩이가 계속 들썩거렸다. 그럴 때마다 배 속에 있는 아기가 놀랄까 걱정되어 손을 배에 얹고서 운전했다. 비록 30만 원을 주고 산 트럭이었지만 성능은 기대 이상이었다.

목적지에 다다라 경사진 골목에 주차를 하고 꽃바구니를 들고 차에서 내렸다. 그런데 갑자기 차가 앞으로 움직이는 것이 아닌가? 아뿔싸, 사이드브레이크를 채우지 않고 내렸던 것이다. 순간 너무 당황해 차가 내려가지 못하도록 만삭의 몸으로 차의 앞부분을 막고 다시 올라타 겨우 사이드브레이크를 채웠다. 이마에선

식은땀이 흘렀다.

"세상에, 만삭의 몸으로 트럭을 막다니! 아기가 놀라지 않았을까? 아니야, 롤러코스터 타는 것처럼 재밌어할 거야."

마음을 가라앉히고 운전을 하면서 돌아오는 길에 지금 배 속에 있는 아이는 매우 용감한 아이가 될 거라고 생각했다.

고등학생 시절, 친구들과 서울에 있는 어린이대공원에 놀러간 적이 있었다. 겨울방학이었는데도 공원에 사람이 별로 없었다. 친구들 6명과 바이킹을 탔는데 정말 재미있었다. 한 번만 타고 내리려니 아쉬워서 관리하는 아저씨께 부탁했다.

"아저씨, 사람도 없는데 저희 한 번만 더 태워주세요. 네?"

아저씨는 날씨가 추워 손님이 없어서인지 흔쾌히 승낙했다. 그러고는 그만 타겠다고 할 때까지 연속해서 바이킹을 가동시켜주었다. 우리는 신이 나서 10번은 더 탄 것 같다.

바이킹을 타면 하늘 높이 올라간 다음 최고 지점에서 다시 내려올 때의 아찔한 느낌이 정말 무섭다. 그 공포를 참지 못하는 사람은 얼굴이 하얗게 질려서 다시는 바이킹을 타지 않는다. 그때 연속으로 바이킹을 타면서 터득한 기술이 있다. 공포감을 극복하고 스릴을 즐기려면 가장 높은 지점에서 고개를 최대한 뒤로 젖히는 것이다. 그러면 공포감은 줄어들고 통쾌함과 시원함을 맛볼 수 있다. 나는 친구들과 이 비법을 공유하면서 "꺅" 소리를 지르며 바이킹 타는 것을 즐겼다. 신나게 바이킹을 탄 추억이다.

용기는 언제나 상황을 나은 쪽으로 변화시킨다. 용기가 있으면 두려운 상황에서도 포기하지 않고 성공할 때까지 일에 전념할 수 있다. 용기는 두려움이 없는 것이 아니라 두려움의 한가운데로 들어가서 두려움과 마주서는 것이다. 두려움의 정점을 넘어서면 자신도 모르고 있었던 엄청난 용기가 생겨난다. 바이킹의 공포를 넘어서면 스릴을 맛볼 수 있는 것처럼 말이다.

고물 트럭을 운전하면서 시내를 드나들 때마다 아이가 잘못되면 어떻게 하나, 조금은 걱정이 되기도 했다. 바이킹을 타는 기분으로 출산하기 하루 전날까지도 운전을 하고 다녔으니 지금 생각하면 정말 용감했던 것 같다. 그 시절 조천에서 나는 '신나게 바이킹 트럭을 타는 꽃집 아가씨'였다.

'기적의 나무'라고 불리는 모링가 올레이페라Moringa Oleifera라는 식물이 있다. 척박하고 모래가 많은 땅에서 자라는 이 식물의 능력은 끝이 없다. 『세상을 바꾼 식물 이야기 100』에서 모링가에 대해 이렇게 소개한다.

모링가는 나무의 모든 부분이 약효가 있어 독충에 물렸을 때나
식도염 · 기관지염 · 치질 · 구내염 · 요로감염증 · 천식 · 눈병 · 심장

144

병·소화불량·류머티즘 등의 치료에 사용되고, 혈액순환 촉진제·완화제·거담제·이뇨제·정력제 등으로도 사용된다.

이 식물에는 철분이 시금치보다 3배, 비타민C가 오렌지보다 7배, 칼륨이 바나나보다 3배, 칼슘이 우유보다 4배, 비타민A가 당근보다 4배 더 많이 들어 있고, 단백질도 달걀만큼 함유되어 있다. 게다가 씨앗은 뛰어난 정수 능력이 있어, 갈아서 1시간 정도 물에 섞어주면 물속의 침전물이 정화되고 수생 박테리아가 사라진다. 모링가는 자라는 속도가 매우 빠르고, 개화와 결실 역시 급속도로 이루어지며, 가물고 모래가 많은 지역에서도 잘 자란다. 척박한 토양과 기후 조건도 잘 견디는 모링가는 그 덕분에 그야말로 버릴 것이 하나도 없는 기적의 식물인 셈이다.

기적은 식물에서만 일어나는 것이 아니다. 기적은 기적을 믿는 사람에게도 일어난다. 성경에 "뿌린 대로 거둔다."라는 말이 있다. 이는 황금률의 법칙을 말한다. 내가 한 생각이나 행동은 반드시 내게로 돌아온다는 것이다.

성공한 사람들은 "여기서 물러나면 죽음밖에 없다는 절박한 심정으로 매일 밤 목숨을 걸고 고민했습니다."라고 말한다. 명실공히 각계 최고의 자리에 오른 사람들은 모두가 한결같이 '죽기 살기'로 일에 목숨을 걸고 몰두한 결과, 최고의 자리에 올랐다.

커다란 업적을 남긴 사람들 중에는 비참하고 어려운 시련을 견딘 사람들이 많다. 타오르는 소망을 가지고 있는 한 누구나 자기의 인생을 개척해나갈 수 있다. 괴롭고 힘든 시기가 길수록 잘 견디고, 그에 따른 성공은 더 큰 결실이 되어 돌아오는 법이다.

모링가 나무가 황금의 열매를 맺는 것처럼 힘들고 어려운 시절을 잘 견디면 그에 합당한 열매를 맺을 수 있다. 척박한 토양과 메마른 모래 속에서 자란 모링가 나무가 열매뿐만 아니라 나무와 가지, 뿌리까지 모두 유용한 약재가 되는 것처럼 말이다.

산딸기 아기,
'용의 눈물'을 닦아내다

딸기 잎은 분만유도제?

> 크든 작든 가치 있는 모든 성취에는
> 고난의 무대와 환희의 무대가 따른다.
> 시작과 고투, 그리고 승리의 단계를 밟는다는 의미다.
>
> 마하트마 간디

　계절의 여왕이라고 불리는 5월이 왔다. 5월은 어버이날, 스승의 날, 성년의 날, 부부의 날 등이 있어 꽃집에서 가장 바쁜 달이다. 어버이날에는 새벽부터 아이들이 꽃을 사려고 줄을 선다. 하루 종일 꽃바구니와 코르사주를 만들다 보면 하루가 한 시간처럼 빨리 지나갔다.

　5월의 어느 일요일이었다. 바쁜 날들이 어느 정도 지나갔을 무렵 마을 사람들과 야유회를 가게 되었다. 날씨가 쾌청하고 따스해서 소풍 가기 딱 좋은 날이었다. 우리 부부는 모처럼 편안한 마음으로 사람들과 어울리며 숯불로 구운 흑돼지고기를 실컷 먹고 즐거운 시간을 가졌다.

"어머, 여기 산딸기가 엄청 많네."

"와, 정말 많다. 우리 여기서 산딸기나 실컷 먹고 가자."

내려오는 길에는 하얀 개망초와 토끼풀이 흐드러지게 피어 있었다. 간간이 코브라 모양을 한 천남성도 눈에 띄었다. 잠깐 쉬어 가려고 앉았는데 바로 코앞에 산딸기가 주렁주렁 열려 있었다. 알알이 맺힌 빨간 산딸기가 어찌나 맛있는지 한참을 따 먹고 내려왔다.

밤이 되자 안집 주인 아저씨가 놀러와서 남편과 TV를 보면서 맥주를 마셨다. 출산 예정일은 일주일이나 남았는데 갑자기 배에 이상한 느낌이 들고 아기가 나올 것만 같았다. 산부인과에 전화를 했더니 간호사가 병원으로 빨리 오라고 했다.

"여보, 병원에 전화하니까 아기가 나올지도 모르니 빨리 오라고 해요."

그때 전국적으로 큰 인기를 누리던 KBS 주말 역사 드라마 〈용의 눈물〉이 방영되고 있었다. 이방원과 중전 역으로 배우 유동근과 최명길이 열연을 했는데, 맥주를 마시면서 드라마에 빠져 있던 남편이 말했다.

"〈용의 눈물〉 끝나고 가자. 한참 재미있는데."

'그러면 안 될 것 같은데…' 하는 생각이 들었다. 하지만 일단은 참고 기다렸다. 그러다 양수가 터진 것 같은 느낌이 들었다. 이상해서 다시 병원에 연락하니 빨리 오라고 간호사가 야단치듯 말했다.

"여보! 이제 가야 할 것 같아요."

"알았어, 조금만 기다려. 이제 다 끝나가."

TV 화면에서 드라마가 끝난 것을 알리는 타이틀 영상에 배우와 스태프들의 이름이 자막으로 나오고 있었다.

"여보, 도저히 안 되겠어. 빨리 차 가져와요!"

안집 아저씨는 눈치가 이상한지 집으로 돌아가고 남편은 자동차를 몰고 와서는 이렇게 말했다.

"나 맥주 마셔서 운전 못하겠어. 당신이 해야겠는데?"

"뭐라고요?"

진통이 오기 시작한 만삭의 임산부가 아이를 낳으러 병원에 가는데 직접 운전을 하란다. 어이가 없었지만 어쩔 수 없이 죽기 살기로 심호흡을 하면서 운전을 했다. 시내에 있는 산부인과까지 30분이면 갈 거리를 1시간 정도 걸려서 겨우겨우 도착했다.

밤 11시에 도착해 병원 문을 들어서자마자 진통이 왔다.

"아아악!"

"힘주세요. 조금만 더 힘주세요!"

"응애응애!"

"축하합니다. 예쁜 공주님입니다."

5월 26일 밤 11시 55분. 병원에 도착한 지 1시간도 채 안 되어 아이가 태어났다. 의사 선생님의 목소리와 아기의 울음소리가 아련하게 들렸다. 정신을 차리고 보니 반짝거리는 크고 까만 눈망울로 아기가 나를 쳐다보고 있었다. 얼마나 감동적인지! 가슴을 울리는 감동의 물결이 찡하게 몰려왔다. 이렇게 감동스러운 날은 또다시 없을 것이다.

고물고물 움직이는 손가락과 발가락, 까만 눈망울을 반짝거리는 보석 같은 아기가 건강하게 태어나주어 고맙고 사랑스러웠다. 어디 하나 예쁘지 않은 데가 없었다. 여러 감정이 뒤섞여서 눈물이 나고 목이 메어왔다.

새벽 1시, 남편은 술에 취해 아직도 정신이 없나 보다. 태어난 아기를 보더니 상기된 얼굴로 수고했다고 말한다.

"여보, 목이 너무 마른데 물 좀 갖다줘요."

남편에게 부탁을 했더니 정수기에서 시원한 냉수를 한 컵 받아다 준다. 산모는 아기를 낳느라 온몸이 모두 이완된 상태이고 열이 밖으로 많이 빠져나갔기 때문에 추위를 많이 느낀다. 그래서 이때 긴 옷을 입고 따뜻한 음식을 먹어야 한다. 그렇지 않으면 뼛속까지 바람이 들어와 골병이 들고 평생 골골하게 된다. 그런데 그것도 모르는지 남편은 시원한 냉수를 떠다 주었다. 어이가 없어서 왜 찬물을 주냐고 물었더니 남편 하는 말이 더 가관이다.

"아기 낳았으니 속이 허전할 것 같아서 속 시원하라고 냉수를 떠다 준 거지."

아이고, 아직 술이 덜 깬 모양이다.

다음 날 아침, 안집 아주머니와 할머니가 병원에 오셨다. 할머니는 나를 보시더니 이런 곳에서 어떻게 산후 조리를 하냐면서 집으로 가자고 하신다.

"아니, 여기서 어떵(어떻게) 산후 조리를 하노! 우리 집으로 가서 메밀수제비도 먹고 미역국도 먹어야지. 그래야 부기도 빠지고 몸조리가 되지, 쯧쯧. 에미야, 어서 짐 싸가지고 나와라."

할머니는 며느리인 안집 아주머니에게 짐을 싸라고 재촉하시고 안집 아주머니도 그렇게 하라고 말했다. 마땅히 몸조리할 곳이 없어 막막했는데 할머니 덕분에 주인집에서 산후 조리를 하게 되었다. 정말 고마운 분들이다.

틈틈이 원예치료사 과정을 공부하는 중에 임신과 허브에 대해 알게 된 흥미로운 사실이 있다. 달맞이꽃과 같이 딸기 잎에 분만을 유도하는 물질이 포함되어 있다는 것이다. 아기가 예정일보다 일주일 먼저 태어난 것은 산에서 따 먹은 산딸기 때문이었다. '산딸기가 분만 유도제였다니….'

안집 아저씨는 우리 꽃집을 포함해서 도로변 상가 4곳의 주인이다. 꽃집 뒤쪽에 마당이 있고 아저씨네 집이 있다. 그곳에서 아저씨 부부는 네 자녀들과 살고 있었다. 할머니는 약국 안쪽 집에서 혼자 사시는데, 매일 아들 집과 당신 집을 오가면서 지내신다.

　제주도는 육지와 달리 나이가 들어도 자식들과 한집에서 살지 않는다. '안거리'와 '밖거리'라는 말이 있는데, 안채를 뜻하는 안거리에는 부모님이 주로 살고, 바깥채를 뜻하는 밖거리에는 결혼한 아들이 산다. 마당도 따로 있고 살림 역시 철저하게 분리한다. 제사나 명절 등 집안의 중요한 행사 때만 함께 안거리에서 준비한다.

　한 가족이면서도 서로의 개성을 인정하고 사생활을 보호하는 가족문화는 제주 사람들의 자유롭고 독립적인 성향을 잘 보여준다. 부모님을 큰아들이 모시고 사는 육지 사람은 쉬이 납득할 수 없는 부분이다.

　제주에서 산모는 주로 메밀수제비미역국과 뿌연 국물의 생선미역국을 먹는다. 메밀수제비와 미역이 어우러진 부드럽고 고소한 맛은 아무리 먹어도 질리지 않았다. 생선미역국 또한 일품이었다. 산후 조리를 하는 일주일 동안 안집에서 지내며 메밀수제비미역국과 생선미역국을 원 없이 먹을 수 있었다.

　아이가 태어난 지 하루가 지나고 친정 엄마와 아빠가 오셨다. 그동안 부모님과는 소원한 상태였다. 내가 제주에서 고생하는 것을 탐탁지 않게 생각하고 계셨기 때문에 거의 소식을 끊고 지내왔다. 그런데 망설이다가 어렵게 남편이 연락을 한 모양이다. 미위도 자식이라고 손녀딸이 태어났다니까 한걸음에 달려오셨다. 안집에서 몸조리를 하는 나를 본 부모님의 안색은 좋지 않으셨다. 안집에서 차려준 다과상을 먹는 둥 마는 둥 하시더니 그날로 다시 서울로 올라가셨다. 아기와 함께 누워 있던 내가 부모님께 해드릴 수 있는 일은 아무것도 없었다. 엄마는 가시는 길에 눈물을 많이 흘리신 모양이다.

언젠가 엄마가 내게 "그때 너무 속상해서 죽을 뻔했다."라고 말씀하셨다. 그렇게 돌아가시는 엄마의 모습을 보면서 나도 많이 속상해서 아기를 안고서 울었다. 내가 할 수 있는 일은 빨리 일어나 성공해서 잘사는 것을 부모님께 보여드리는 것뿐이었다. 속을 많이 썩인 자식이 나중에 효도한다는 말이 있다. 그때 부모님 속을 많이 상하게 해서인지 항상 부모님에게 잘하려고 노력한다.

일주일이 지나고 나니 가게가 잘 돌아가는지 궁금해서 그냥 누워만 있을 수가 없었다. 겨우 일어나 부엌에 가보았더니 일주일 동안 쌓인 설거지거리가 산더미 같았다. 남편 혼자서 가게를 보고 꽃배달을 하느라 집안 살림이 엉망이 되어버린 것이다. 도저히 그냥 나올 수가 없어서 청소와 설거지를 했다. 갑자기 일을 해서인지 머리가 어질어질하고 바로 몸살이 왔다.

보름이 지나고 안집에 계속 있기가 미안해 나는 아기와 함께 가겟방으로 옮겨왔다. 아기의 이름은 펼 서敍와 진리 진珍, 꿈을 마음껏 펼치고 진리를 가르치는 사람이 되었으면 하는 바람으로

'이서진'이라고 지었다.

　내가 몸조리할 때 설거지를 안 한 것이 미안했는지 그 후로 남편은 우리 집 설거지 담당이 되었다.

귀신도 울고 간다는
'하눌타리'

트럭에 귀신이 타고, 모슬포 바람에 동그랑땡은 날아간다

> '자고 일어나니 거둔 성공'을 이루는 데는
> 20년의 시간이 걸리는 법이다.
>
> **에디 캔터**

제주에는 개업 집에 축하의 의미로 보내는 동그란 화환이 있다. 일명 '동그랑땡'이라고 불리는 화환이다. 이 화환을 만들려면 2m의 각목 2개로 기둥을 세운 다음, 지름이 1m인 동그란 스티로폼을 부착한다. 그리고 가운데에 생화를 장식하고 주변에는 비닐로 된 조화로 장식한다.

주문자의 이름을 크게 써서 화환 대에 붙여주는데, 개업 집 앞에 세워놓으면 제법 모양새가 그럴듯하다. 도시에서는 거의 사라졌지만 제주에서는 가격이 1만 5천 원으로 저렴해 아직도 많이 사용하고 있다. 문제는 화환을 대여해주고 다시 수거해야 하는 번거로움이 따른다는 점이다.

하루는 남편이 지인의 부탁을 받고 서귀포항에 위치한 개업 집에 동그랑땡 화환을 싣고 배달을 갔다. 조천에서 서귀포항까지 가려면 1시간은 족히 걸린다. 바닷가에 도착하니 한적해 보이는 곳에 은성다방이 개업해 있었다.

남편은 화환을 세워놓고 그냥 오기가 미안해서 3천 원짜리 커피를 한 잔 주문해서 마시고 왔다. 며칠 후 화환을 수거하려고 차로 1시간을 달려 서귀포항에 도착해보니, 화환 대는 온데간데없고 부서진 스티로폼 조각들만 바람에 날려 굴러다니고 있었다. 바닷바람에 화환 대가 넘어지고 부서져 날아가버린 것이다. 날아다니는 스티로폼 조각들을 보며 어이가 없어진 남편은 다방에 들어가 커피를 마시고 조천까지 맨손으로 돌아왔다.

화환대 제작 원가	15,000원
생화 꽃값	5,000원
커피 2잔 값	6,000원
차 기름 값	10,000원

계산해보니 3만 6천 원 인건비는 제외하고도 2만 1천 원이 손해다. 도저히 타산이 맞지 않는다. '무슨 장사를 이렇게 손해를

보면서 하고 있지?' 하는 생각에 한숨이 나왔다.

계절은 어느덧 무더위가 기승을 부리는 8월의 한가운데 와 있었다. 어느 날 한밤중에 '선흘'이라는 중산간 마을에 초상이 나서 근조화환을 가지고 남편이 배송을 나갔다. 한라산 중턱에 걸쳐 있는 산간 마을을 중산간 마을이라고 한다. 초상집에 화환 주문이 들어오면 늦은 밤이라도 배송을 했다.

배송하기 전에 전화를 걸어서 위치를 확인하고 출발하지만 촌으로 갈수록 사투리가 심해서 무슨 말인지 알아듣기가 쉽지 않다. 워낙에 길치인 나는 아예 산간 마을에는 배송할 엄두를 내지 못했다. 다행히 남편은 길눈이 밝은 편이라 배송을 담당했다.

요즘은 내비게이션이 잘 나와서 지리를 잘 몰라도 배송하기 어렵지 않다. 그런데 우리가 처음 꽃집을 시작한 당시에는 무선 호출기인 삐삐밖에 없었다. 휴대전화가 나오긴 했지만 비싸서 사용하는 사람이 많지 않았다. 시티폰이라는 휴대용 전화기가 있어도 시티폰은 수신 기능은 없고 발신 기능만 있는 휴대전화라 삐삐로 호출을 받고 전화번호를 확인한 후 시티폰으로 전화를 걸었다. 그런데 시티폰은 공중전화 옆에서만 터져서 중산간 지역을 비롯한 외곽 지역에서는 유명무실했다.

그날도 배송 가기 전에 전화를 걸어 위치를 확인했다. 전화를 하니 "영 가서 정 가서 동쪽으로 가다가 한라산 쪽에 있수다."라고 상주가 위치를 설명했다. 근조화환을 싣고 선흘 마을로 들어선 남편은 15분이면 도착한다는 초상집을 찾지 못하고 1시간이 지나도록 숲 속에서 헤맸다. 칠흑같이 어두워 사방은 잘 보이지도 않았다. 적막한 가운데 귀뚜라미가 요란하게 울었다. 가도 가도 집은 나타나지 않았다. 가끔 울어대는 부엉이 소리에 귀신이라도 나올 것 같아 남편은 깜짝깜짝 놀랐다.

귀신도 울고 간다는 '하눌타리'라는 식물이 있다. 7~8월 밤에 하얀 꽃을 활짝 피우는 덩굴식물로 그 모양이 특이하다. 꽃잎은 하얀 치마 모양으로 나풀거리며, 가운데 있는 노란 씨방이 눈을 부릅뜨고 있는 것처럼 보인다. 지붕을 뒤덮고 있는 하눌타리를 보면 마치 흰 소복을 입은 처녀귀신이 노려보는 것 같아 한밤중에 마주치면 등골이 오싹하다.

제주도에서는 하눌타리 열매를 방에다 걸어놓는 풍습이 있다. 귀신이 들어오면 내 눈알이 큰가, 하눌타리 눈알이 큰가 재보다가 큰 하눌타리 눈알에 귀신이 지고 도망간다는 것이다.

초상집으로 배달을 간 남편이 바로 이 하눌타리 군락을 만났다. 머리를 풀어헤친 듯 하얀 꽃을 활짝 피우고 눈에 노란 불을 켠 하눌타리를 보니 머리카락이 삐쭉 서고 다리가 후들거리고 한기가 든다. 남편은 덩치에 맞지 않게 겁이 많아 귀신을 무서워한다.

남편이 귀신을 무서워한다는 것을 알게 된 사건이 있었다. 우리 집에 회색 고깔모자를 쓰고 망토를 입은 서양풍의 귀신 인형이 있었는데, 건들면 실감나게 귀신 소리가 났다. 한번은 장난을 친다고 승용차 백미러에 인형을 매달아 놓았다. 깜깜한 밤중 넓은 주차장에 덩그러니 놓인 승용차에 남편이 올라탔다. 백미러에 시커먼 물체가 달랑거리자 무심코 손사래를 쳤다. 건드리는 순간 어둠 속에서 갑자기 귀신 소리가 울려 퍼졌다.

"우히히히히히히히히~"

"에구, 뭐야 이거!"

화들짝 놀란 남편은 한 번 더 손사래를 쳤다. 인형은 더욱 요란하게 소리를 냈다. 남편은 심장이 멎을 듯하고 기절하기 일보 직전이었다. 정신을 차린 남편은 인형을 떼어들고 와서는 왜 이런 것을 매달아놓았냐고 얼굴이 새파래져서 화를 냈다. 남편이 놀랐을 모습을 상상하니 웃음이 났다. 남편의 화난 얼굴을 보고는 속으로 웃음을 참다가 결국 배꼽 잡고 웃음을 터뜨리고 말았다. 남편은 그때까지도 씩씩거렸다. 웃음을 겨우 멈추고 이후로는 절대 이런 장난은 치지 않겠다고 용서를 빌었다. 지금도 생각하면 무척 우스워 나 혼자 웃곤 한다.

그렇게 겁 많은 남편이 한밤중에 산속을 헤매고 있었으니 TV에서나 보던 〈전설의 고향〉이 현실에서 일어난 것이다. 겨우 불빛을 보고 도착해보니 허름한 집이 한 채 있었다. 자정이 넘은 시간이었다. 어쩔 수 없이 문을 두드리자 잠에서 깬 부스스한 차림새의 남자가 눈을 비비면서 나왔다.

"죄송합니다. 길을 잃은 것 같습니다. 이 동네에 초상난 집이 어딥니까?"

"네, 초상집이요? 영 가서 정 가서 영 가시오."

"네? 영 가라고요?"

도대체 '영' 가서 '정' 가라니. 대충 방향을 잡아 헤매다 1시간 30분 만에 겨우 초상집을 찾을 수 있었다. 상주가 "조천에서 15분이면 올 거리인데 왜 이리 늦어쑤까?"라고 묻는다. 산속에서 같은 곳을 계속 돌고 있었던 것이다. 아마도 초상집의 혼령이 아직 저승으로 가고 싶지 않아서 화환 배송하는 길에 친구하자고 가는 길을 방해한 것 같다고 남편은 말했다.

"그날 귀신이 트럭에 타고 있었던 것 같아."

"으악! 뭐라고요?"

포구 바람에 화환은 박살이 나고, 깊은 산속에서 귀신 같은 하눌타리를 만나고, 처음 화훼 업계에 입문해 온몸으로 직접 경험하면서 배우고 익히는 담력 훈련의 현장이었다.

경험 없이 도전한 꽃집은 처음부터 쉽지 않았다. 때론 잘 몰라서 손해를 보기도 하고 어두운 산속을 헤집고 다니면서 배달도 해야 했다. 그러나 일련의 과정을 겪으면서도 우리는 앞으로 나아가고 있었다. 분명 어제보다 오늘은 한 걸음 더 발전한 모습으로 말이다.

도전하고 성공한 사람들의 이면에는 우리가 알지 못하는 수많은 시련과 고난의 과정들이 있다. 모든 과정을 마치고 넘어설 때 비로소 성공과 만나는 것이다. 그 과정은 5년, 10년, 20년, 30년, 또는 업종에 따라 그 이상이 걸릴 수 있다. 그러나 성공한 사람들은 한결같이 겸손하게 웃으면서 말한다.

"어느 날 아침에 일어나보니 성공해 있네요."

하이텔 단말기에서
찾은 보석

제주꽃배달전문점

> 두려움에 맞서는 것, 그것이 용기다.
> 아무것도 두려워하지 않는 것,
> 그것은 용기가 아니라 어리석음이다.
>
> **토드 벨메르**

"어떻게 하면 좀더 매출을 올릴 수 있을까?"

"아무래도 조천 지역에 꽃배달만 해서는 한계가 있는데…."

조천에서의 장사는 딱 한 집 먹고살 정도였다. 이러한 생각이
들자 어떻게 하면 좀더 매출을 올릴 수 있을지 매일 궁리하게 되
었다. 그러다가 한국통신 제주본부에서 무료로 컴퓨터 단말기를
빌려준다는 〈제주일보〉의 기사를 보았다. 당시에는 컴퓨터가 매
우 고가였기 때문에 일반 가정에서 구입하기는 부담스러울 때였
다. 남편은 단말기를 대여하기 위해 당장 한국통신으로 달려갔다.

"컴퓨터 단말기를 무료로 대여해준다고 해서 왔는데요."

"무료로 단말기를 대여해준다고요? 금시초문인데요, 잠깐만 기다려주세요."

직원이 사무실 안으로 들어가서 한참을 있더니 모니터가 작은 컴퓨터 한 대를 가지고 나왔다. 지금처럼 윈도우가 탑재된 컴퓨터가 아닌 채팅과 정보 검색이 가능한 하이텔 단말기였다. 모뎀과 모니터, 그리고 키보드까지 대여해주었다.

"아니, 우리도 잘 모르고 있었는데 어떻게 아셨어요? 도민 중에 단말기를 빌리러 온 분은 고객님이 처음입니다."

신문에 기사는 나갔지만 아직까지 단말기를 빌리러 온 사람은 1명도 없었다고 한다. 남편은 단말기를 빌려오자마자 서툴게 키보드를 눌러가면서 사용법을 익히기 시작했다.

아무래도 컴퓨터를 완벽하게 사용하기에는 버거워 보였다. 며칠 동안 틈만 나면 단말기를 만지면서 혼자서 끙끙대고 있던 남편은 어느 날부터인가 하루 종일 앉아 한글타자를 연습하기 시작했다. 컴맹 세대인 우리 부부에게 한글 자판을 두드리고 컴퓨터를 익히는 것은 쉬운 일이 아니었다. 게다가 빌려온 단말기는 간단한 검색만 가능하고 인터넷은 너무 느려서 사실상 사용하기에는 한계가 있었다.

한 가지 좋은 점이 있다면 전국에 있는 전화번호를 쉽게 검색할 수 있다는 것이었다. 남편은 전국에 있는 꽃집들을 지역별로 나누어 검색하기 시작했다. 수만 개의 꽃집 상호와 전화번호가 검색되었다.

"와, 이렇게 많은 꽃집이 있는 줄 미처 몰랐네."

틈만 나면 꽃집들의 주소와 상호, 전화번호 등을 검색해보면서 모니터를 노려보았다. 그러더니 어느 날 남편이 소리쳤다.

"제주꽃배달전문점! 바로 이거야! 꽃배달을 조천 지역에만 한정할 게 아니라, 제주 전 지역으로 확대하는 거야."

"제주 전 지역에 꽃배달을 해요? 조천에서?"

생각해보니 안 될 것도 없었다. 당시에는 꽃배달을 전문적으로 하는 꽃집이 없었다. 전화번호부를 검색하다가 서울 목동에 '목동꽃배달전문점'이라는 상호가 눈에 띄었고, 그것을 본 남편은 '제주꽃배달전문점'을 생각해냈다.

에스더 힉스와 제리 힉스는 『유인력 끌어당김의 법칙』에서 "원하는 것이든 원치 않는 것이든 관계없이, 당신은 항상 자신이 생각하고 있는 대상과 본질이 같은 것을 얻게 된다."라고 서술했다. 어떤 것에 대해 계속 생각하면 결국 그것이 어디에선가 나타나기 시작한다는 것이다. 제주 전 지역 배송을 위한 전략을 계속 생각하다 보니 제주꽃배달전문점이라는 상호가 우리 앞에 나타났다.

제주도는 한라산을 경계로 해서 제주시와 서귀포시로 나뉜다. 제주시에서부터 화북·삼양·신촌·조천·김녕·구좌·표선 등은

동쪽이라 하고, 하귀 · 애월 · 고성 · 한림 · 대정 등은 서쪽이라고
한다.

제주 사람들은 대부분 30분 이상 걸리는 거리를 매우 멀다고
생각한다. 제주시에서 서귀포시로 넘어갈 때 1시간 정도 소요되
는데 그것도 엄청 멀다고 생각하는 것이다. 서귀포에 한번 가려
면 몇 달 전부터 계획하고 갈 정도로 쉽게 가지 않는다. 활동 영
역이 살고 있는 동네에서 좀처럼 벗어나질 않는 것이다.

꽃을 주문할 때도 동네에 있는 꽃집으로 직접 간다. 특별히 화
환이나 키가 큰 식물을 주문할 경우에만 배달을 요청한다. 보통
은 꽃집에서도 가까운 곳만 배달을 해준다. 그러니 겨우 한집 먹
고살 만큼의 매출만 생기는 것이다.

서울에서 직장 생활을 해본 사람이라면 알겠지만 보통 1시간
넘는 거리를 출퇴근하는 것은 다반사다. 1990년대에 서울 지하
철은 출퇴근하는 사람들이 모여 전쟁터를 방불케 했다. 승용차를
끌고 나가도 차가 막혀 웬만한 곳은 한두 시간이 걸렸다. 아침마
다 콩나물시루 같은 지하철에서 몸싸움을 하다가 겨우겨우 목적
지에서 내리곤 했다. 제때 내리지 못해 한 정거장을 더 가는 경우
도 왕왕 있었다.

서울의 교통 상황에 비하면 제주도는 천국이다. 어디를 가나
막히는 곳이 없다. 외곽 지역으로 나가면 차가 아예 한 대도 안
다니는 도로도 있다. 멋진 자연을 벗 삼아 한적한 도로 위에서 드

라이브를 즐기는 것은 제주에 사는 특권이자 행복 중에 하나다. 그리고 아무리 먼 곳이라도 1시간 정도면 충분히 갈 수 있고 뻥 뚫린 도로가 잘 갖춰진 곳에서 제주 전 지역으로 배송을 하는 것은 어려운 일이 아니었다.

제주도 전 지역 배송을 시작한다고 하니까 조천 사람들은 어이없다는 듯 말했다.

"아니, 제주시까지도 배달을 해줘요?"

"네, 서귀포시까지도 배달을 해준다니까요."

남편은 뭐든지 생각하면 말이 떨어지기가 무섭게 즉시 실행한다. 빨리빨리 정도가 아니라 번갯불에 콩 볶아 먹을 만큼 성격이 급하다. 속도가 너무 빨라서 내가 따라가기에는 벅찰 때도 많다.

생각한 것을 하기로 결심해서 바로 '지금' 하는 것은 성공의 지름길이다. '나중에' '내일부터'라고 생각하는 순간 방금 얻은 성공적인 아이디어는 공중으로 사라지고 만다. 그것은 진실로 하고 싶은 생각이 없기 때문이기도 하다. 번쩍이는 아이디어를 성공으로 전환시키는 것은 바로 지금, 당장 시작하는 것이다. 제주에 와서 이것저것 해보다가 많은 시행착오를 겪었지만 당장 시작하지 않았다면 아무 결과도 얻지 못했을 것이다.

하이텔 단말기에서 전화번호부를 검색하다 보석 같은 상호 '제주꽃배달전문점'을 얻었다. 그리고 기네스북에 오를 법한 남편의 급한 성격과 빠른 실행력으로 조천화원은 제주꽃배달전문점이라는 슬로건을 걸고 제주도 전 지역에 꽃배달을 시작했다. 이것은 전국꽃배달전문점으로 도약하는 '플라워몰'의 서막을 알리는 것이었다.

"이제 제주의 꽃배달은 우리가 접수한다!"

밀물이 들어온다,
당신만의 배를 만들어라!

전화 한 통화면 만사 OK!

담대하라!
그러면 어떤 큰 힘이
당신을 도와주기 시작할 것이다.
베이실 킹

"제주꽃배달전문점, 전화 한 통화로 카드 결제 OK! 꽃배달 OK!"

이것은 우리가 제주도 지역 일간신문에 넣은 광고카피다. 1단 광고로 넣었는데 효과는 대단했다.

"전화로도 카드 결제가 되나요? 직접 매장에 가서 카드를 긁어야 하는 것 아닌가요?"

"네, 전화로 카드번호와 유효기간만 알려주시면 카드 결제가 가능해요. 물론 꽃배달은 제주 전 지역 어디든 가능합니다."

"카드번호를 알려주면 위험한 것 아닌가요?"

"저희 꽃집은 카드사와 수기특약이란 계약을 체결했어요. 혹시 문제가 생기더라도 보상이 가능하니 안심하셔도 됩니다."

당시에는 주문을 하고 카드 결제를 하려면 으레 매장에 방문해서 카드단말기에 카드를 긁는 것이 일반적이었다. 그런데 우리는 각 카드사와 '수기특약'이란 계약을 체결해 고객이 방문하지 않고 카드번호만 알려주어도 결제가 되는 시스템을 도입했다.

처음 수기특약 계약을 하려고 카드사에 알아보았더니 수기특약을 하려면 업체 규모가 크고 카드 사고를 대비한 보증금이 있어야 한다고 했다. 조천에 있는 꽃집이라고 하니까 아직까지 그렇게 작은 규모의 업체에 계약을 해준 적이 없다고 했다. 더군다나 제주도에서는 요청한 업체가 그동안 한군데도 없었단다.

업체 규모와 보증금을 보고 계약을 해준다는 말에 부담이 되었지만 우선 제주시에 있는 BC카드사부터 찾아가보았다. 담당자가 질문을 했다.

"꽃집 매출이 어느 정도 되나요?"

"지금 당장은 많지 않지만 도내 전 지역 꽃배달을 목표로 광고를 하고 있으니 매출은 늘어날 겁니다."

"시골에 있는 가게에는 계약을 해준 사례가 없는데요, 결재를 올려보도록 하겠습니다."

"주문 가격은 5만 원에서 10만 원 사이입니다. 사고가 날 만큼 큰 금액이 아니기 때문에 걱정하지 않으셔도 됩니다. 잘 말씀해 주시고 연락주시기 바랍니다."

다음 날 연락이 왔고 까다롭다는 BC카드사와 계약을 체결하게 되었다. 그다음에는 LG카드사 제주지점을 방문했다. 당시 김성철 지점장 님은 제주 전 지역 배달을 할 것이라는 우리 이야기를 듣더니 정말 놀라운 마케팅이라고 많은 관심을 가졌다. 30분 거리도 멀다고 생각하는 제주 사람들의 특성상 제주 전 지역 배송은 획기적인 발상이었던 것이다. 지점장님은 흔쾌히 계약해주었다.

BC와 LG카드사와 수기특약 계약이 성사되자 국민, 제주, 현대 등 다른 카드사들과도 쉽게 계약을 체결할 수 있었다.

"BC, LG, 삼성, 국민, 제주카드사 수기특약 체결 업체, 제주꽃배달전문점."

카드사 수기특약 업체라는 홍보 문구를 사용하면서 제주꽃배달전문점의 신뢰와 명성이 나날이 높아졌다. 신문광고와 함께 조천화원은 제주꽃배달전문점으로 새롭게 도약하고 있었다.

조천화원의 전화번호를 넣고 광고를 하니 고객들의 신뢰를 얻기에 지역적인 한계가 있었다. 그래서 지역별로 신제주점, 제주점, 서귀포점으로 각각 전화를 개설한 뒤 착신전환을 해놓고 주문 전화를 조천화원에서 받을 수 있도록 했다. 그리고 본격적으로 제주 전 지역에 꽃배달을 시작했다.

제주도의 주요 일간지라 할 수 있는 〈제주일보〉〈제민일보〉〈한라일보〉 등에도 광고가 나갔다.

"따르릉 따르릉~."

"안녕하세요, 제주꽃배달전문점입니다."

전화통에 불이 나면서 직원을 뽑아야 했다. 일단 배송 직원을 뽑았다. 주문을 받고 꽃을 꽂고 배달을 하면서 매장은 정신없이 돌아갔다.

"우리 딸도 꽃꽂이를 배워서 꽃집을 하면 어떨까?"

안집 주인 아저씨가 바쁘게 돌아가는 꽃집을 보더니, 언젠가 당신의 딸도 꽃꽂이를 배워서 꽃집을 하게 해야겠다고 말했다. 작은 시골 마을에서도 꽃집을 하면 돈을 잘 벌 수 있다고 생각한 모양이다.

딸 서진이는 태어나고 2주가 지났을 때 바로 옆집에 있는 쌀집 아주머니에게 맡겼다. 태어난 지 한 달도 안 된 딸을 다른 사람에게 맡기는 일은 마음 아픈 일이었다. 서진이는 어찌나 낯을 많이 가리던지 울기도 많이 울었다. 다행히 아주머니가 정이 많고 착한 분이라서 마음이 놓였다.

제주시에서 생선가게를 하는 영빈 씨는 성산으로 고기를 받으러 오고갈 때마다 들러서 조기·고등어·우럭 등의 생선을 주고 갔다. 꽃집에는 이웃들이 가져다 준 감귤도 항상 넘쳐났다.

하루는 안집 주인 아저씨가 감귤 농장을 둘러보면서 남편에게 말했다.

"자네, 조천에서 계속 살텐가?"

"네, 평생 살려고 합니다. 바닷가 마을이라 회도 많고 마을 사람들도 좋고요."

"그럼 집 지을 돈만 벌게. 땅은 내가 줄게."

"네? 땅을 주신다고요?"

안집 아저씨와는 아주 가깝게 지내고 있었지만 땅을 준다는 말에 깜짝 놀랐다. 이렇게 인심 좋고 사람 좋은 동네가 바로 조천이었다.

미국의 철강왕 앤드루 카네기의 집무실에는 커다란 그림이 한 점 걸려 있었다. 그것은 썰물이 빠져나간 뒤 아무렇게나 놓인 낡은 나룻배 한 척과 노가 그려진 어두운 바닷가 풍경이었다. 유명한 화가가 그린 그림도 아니고 예술적 가치가 있는 그림은 더더욱 아니었다. 그런데 그림 밑에 쓰인 "밀물은 반드시 온다."라는 글귀가 인상적이었다.

방문하는 사람마다 카네기에게 그 그림을 특별히 아끼는 이유를 물어보았다.

"나는 젊었을 때 이집 저집 돌아다니면서 물건을 팔았어요. 어느 노인의 집에 갔을 때 이 그림을 보았는데, 그림과 글귀가 마음에 들어서 주인에게 간청해서 얻어왔답니다. 그리고 살면서 어려울 때마다 이 그림을 보면서 마음을 다잡았습니다. 언젠가 반드시 밀물은 올 거라고 생각하면서요."

카네기는 힘이 들 때마다 밀물이 밀려드는 그림을 보면서 의지를 다지고 희망을 가졌다. 그리고 언젠가 반드시 자신의 삶에 희망이라는 밀물이 올 것이라고 믿었다.

우리 부부는 새벽 6시부터 밤 12시까지 아이를 맡기고 하루 종일 정신없이 일했다. 지금 당장은 힘들고 어려울지라도 반드시 카네기가 기다리던 밀물이 우리에게도 올 것이라고 믿고 오로지 앞을 향해 질주했다. 늦은 밤이 되어서야 겨우 사랑하는 딸을 보았지만 이렇게라도 아기를 볼 수 있어 다행이라고 생각했다.

썰물이 와서 모든 것이 휩쓸려 가고 아무것도 남지 않았을지라도 삶의 저편에서 언젠가는 밀물이 들어온다. 커다란 당신만의 배를 만들고 기다려라. 그러면 반드시 밀물이 와서 당신의 배를 움직여줄 것이다.

언젠가 당신을 이끌어줄 밀물은 반드시 온다.

자이를 밟으며
암벽을 기어올라라

떨어져도 죽지 않았다면 다시 올라가라

누구도 해낸 적 없는 성취란,
누구도 시도한 적 없는 방법을 통해서만 가능하다.

프랜시스 베이컨

20여 년 전 서울의 한 경제 연구소에 프랑스에서 유학을 갓 마치고 온 20대 청년의 강연이 있었다. 당시 강연에서 그 청년은 이런 말을 했다.

"앞으로의 세상은 'www'라는 인터넷 공간을 중심으로 돌아갈 것입니다. 모든 사람들은 이 www에 모여서 활동할 것이며, 사람들의 일상생활 또한 www를 중심으로 이루어질 것입니다. 많은 사람들이 가상공간에서 정보를 공유하며 우표를 붙여서 우체통에 넣지 않아도 실시간으로 배송되는 이메일을 쓰게 될 것

174

입니다."

"뭐? 실시간으로 편지가 배송된다고? 도대체 무슨 말을 하는 거야?"

이 청년이 말하는 'www'는 'wolrd wide web'의 줄임말로 인터넷 공간을 뜻한다. 지금은 누구나 인터넷에서 카페 활동을 하고 블로그를 만들며 정보를 검색하는 일이 자연스럽지만, 불과 20년 전 이 강연회에서는 젊은 사람이 허무맹랑한 소리를 한다고 비아냥거렸다. 심지어는 강연 중반에 절반 이상의 사람들이 강연장을 나가버리기도 했다.

이런 수모를 겪으면서도 www의 중요성을 강조했던 이 젊은 이는 몇 년 뒤 우리나라 인터넷 역사의 분기점이 될 사이트를 가지고 등장했다. 그리고 온라인상에서 무료 이메일을 보급해 편지를 주고받게 했으며, 인터넷 가상공간에 사람들이 모여서 정보를 공유하고 생활하는 인터넷 카페의 대중화를 선도했다. 그가 바로 다음커뮤니케이션의 설립자 이재웅 대표다.

한국통신에서 하이텔 단말기를 빌려온 후부터 인터넷 마케팅에 관심을 갖게 되었다. 홈페이지를 만들기 위해 N사와 상담을 해보니 400만 원의 비용이 들어간다고 했다. 창업할 때 전 재산 300만 원으로 시작했는데 홈페이지 제작에 400만 원이라니, 그것도 제주도에 있는 업체라서 저렴하게 해주는 것이라고 했다.

당시에는 홈페이지를 제작하는 업체가 많지 않았고 비용도 많이 들었다. 꽃집을 시작한 지 1년이 넘었지만 우리에게 400만 원은 매우 큰 돈이었다.

그러나 우리 부부는 미래를 위한 투자라고 생각하고 과감하게 홈페이지 제작을 의뢰했다. 일단 도메인을 등록하고 모든 제작 과정은 업체와 상의하면서 진행했다. 드디어 홈페이지가 완성되고 온라인에서 제주꽃배달전문점을 볼 수 있었다. 처음에는 신기해서 모니터에서 눈을 떼지 못하고 클릭을 하며 상품을 주문해 보기도 했다.

그런데 한 페이지를 넘기는 데 너무 시간이 오래 걸렸다.

"이렇게 페이지가 늦게 넘어가서야 숨넘어가겠네."

홈페이지를 제작한 업체에 A/S를 요청해도 속도는 개선되지 않았고 새로운 상품을 올리거나 수정하는 데 일주일 이상 걸렸다.

인터넷 세상이 올 것에 대비해서 거금 400만 원을 투자해 홈페이지를 만들었지만 주문은 한 달에 1~2건에 지나지 않았다. 홈페이지에 대한 우리의 기대가 무색하게 실망스러운 결과가 나왔다.

홈페이지 제작의 결과는 실망스러웠지만, 카드사와 수기특약을 체결한 뒤 전화 주문이 빗발치면서 매출은 급성장했다. 상승세를 타고 추가적인 마케팅 전략을 세우고 있던 어느 날, S카드사의 명세서와 함께 딸려온 리플릿을 보게 되었다. 자세히 보니 서울 지역 꽃배달 광고가 실려 있었다.

"S카드 리플릿에 전국꽃배달서비스 광고를 실으면 주문이 엄청 들어올 것 같은데, S카드사 회원 수가 전국적으로 엄청 많을 테니까."

"그러게요, 하지만 S카드사에서 제주에 있는 조천화원을 실어 줄까요?"

"조천화원으로는 안 되고 전국꽃배달서비스란 상호를 가지고 하면 되지. 안 되는 게 어딨어, 부딪쳐봐야지!"

당시 남편은 서울에서 사업이 망해 빚잔치를 하고 제주도로 내려왔기에 정리하지 못한 빚과 함께 카드사의 채권추심에 시달리고 있었다. 카드사에 협력을 요청한다는 것은 그야말로 호랑이 굴에 목숨 걸고 들어가는 것이나 마찬가지였다.

대형 업체도 아닌 조천에서 손바닥 만한 꽃집을 운영하면서 대기업 S카드사의 담당자를 만나러 간다? 그것도 서울에 있는 본사로? 달걀로 바위를 치는 격이었다.

남편은 비싼 왕복 항공료를 치르면서 서울 중심지에 자리 잡은 S카드 본사의 담당자를 만나러 갔다. 제주에서 왔다고 하니까 담당자가 아예 만나주지도 않았다. 앉아서 무작정 기다리고 있으니 담당자도 기가 막혔는지 나와서 말했다.

"사장님, 이렇게 막무가내로 제주에서 여기까지 찾아오시면 어떡합니까?"

"그러니까 리플릿에 전국꽃배달서비스 광고를 넣읍시다. 전국 꽃배달을 책임지고 하겠습니다."

담당자는 전국꽃배달서비스란 내용을 리플릿에 게재할 계획이 없다고 여러 번 거절했다. 그러나 남편의 끈질긴 요청으로 결국 담당자는 두 손을 들었고 매출에 대한 일정 수수료를 지불하는 조건으로 계약을 체결했다.

전국에 있는 S카드사 회원들이 리플릿에 실린 전국꽃배달서비스 광고를 보고 주문을 하면, 전국에 있는 꽃집 유통망을 이용해 조천화원에서 꽃배달 중개를 하게 된 것이다. 제주도라는 지역적 한계를 굳이 노출할 필요가 없었기에 우리는 080 무료 전화번호를 대표번호로 기재했다.

제주도 시골 마을에서 전국 최대의 S카드사와 꽃배달 특약을 맺고 주문을 받는 것은 당시 꽃배달업계에서는 혁신적인 일이었다.

전국에서 받은 주문은 전국꽃배달서비스를 중개해주는 협회에 가입해서 물량을 처리했다. 덕분에 조천화원은 유통 물량이 많아지면서 제주에서는 최초로 전국에서 꽃배달 상위업체로 진입하기 시작했다.

S카드사는 1996년도 신용카드 부문 고객만족도 1위로 선정되었고, 업계 최초로 현금서비스를 개시해 카드업계에서 최고의 주

가를 올리고 있었다. 게다가 IMF 직후 경제 활성화 방법으로 정부에서는 신용카드 발급을 부추기면서 국민들에게 카드 사용을 권하고 있었다. 한두 장의 신용카드는 기본이고 지갑에 카드가 많을수록 잘나가는 사람처럼 보이는 시절이었다. 절묘한 시기에 카드사와 수기특약 계약을 하니 카드 매출이 오르기 시작했고, 가게는 눈코 뜰 새 없이 바빠졌다.

어린 시절 엄마가 골목시장 노점에서 돼지고기 장사를 했을 때의 일이다. 시장에는 정육점을 운영하는 상인들이 있었는데 그들에게는 노점에서 고기를 파는 엄마가 눈엣가시였다. 상인들은 노점에서 장사를 못 하도록 날마다 파출소에 민원을 넣었다. 그러면 경찰들이 호루라기를 불면서 노점 상인들을 단속했다. 그때 빨리 도망가지 않으면 있는 물건도 압수당하고 벌금까지 물어야 했다.

그날도 호루라기 소리가 들렸다. 급한 나머지 엄마는 대야에 있는 고기를 길가에 버려둔 채, 골목길에 있는 집들 사이로 도망쳤다. 경찰이 계속 쫓아오자 아무 집에나 들어가 지하 연탄창고에 숨어 있었다. 한참을 있으니 밖이 잠잠해졌다. 집주인이었던 새댁이 숨어 있던 엄마를 발견하고는 깜짝 놀라 나오라고 했다. 그리고 따뜻한 차를 내주었다. 마음을 진정시키고 차를 마시는데 안도의 한숨과 함께 눈물이 흘렀다. 그때 이후로 자주 심장이 두근두근거려 약국에서 구심이라는 심장약을 사먹으면서도 먹고 살기 위해 장사를 그만두지는 못 했다.

단속반에서 고기 담은 대야를 압수해가면 사정사정하고 찾아오기를 밥 먹듯이 했다. 한번은 정육점 주인 남자가 대낮부터 술을 잔뜩 먹고 나타나서 채소가게 앞에 있던 좌판을 엎고 가게 문을 부숴버렸다. 술에 취해서 채소가게 좌판을 엄마의 고기가 담긴 대야로 착각한 것이다. 결국 정육점 주인은 부서진 문과 채소까지 변상해주어야 했다.

그런 일이 있은 후에도 엄마는 돼지고기 장사를 계속했다. 언제부턴가 정육점 사장도 포기했는지 더이상 민원을 넣지 않았다. 경찰서에 고기 담은 대야를 찾으러 가서도 엄마는 오히려 큰소리로 당당히 말했다.

"우리 애들 굶으면 나라에서 먹여 살릴 거요? 애들 넷이나 두고 도망갈 수도 없고 애들 굶기지 않고 먹고살려고 하는 장사인데, 좀 봐주쇼!"

"아주머니, 참새를 쫓으면 다른 논으로 가서 하면 되지, 자꾸 같은 장소에서 하면 어떡해요."

"애들이 아직 어려서 애들 보면서 장사해야 하기 때문에 멀리 갈 수가 없어요."

"그럼 잠시 날아갔다가 다시 오든지 해요. 자꾸 민원 들어오면 우리도 피곤합니다."

나중에는 경찰이 오히려 사정사정했다고 한다.

180

엄마는 심장약을 복용하면서도 고기 장사를 계속하면서 우리를 굶기지 않았고 고기만큼은 실컷 먹일 수 있어서 좋았다고 말했다.

장사를 한 번도 해본 적이 없는 엄마가 노점에서 장사를 시작한 것은 돈을 벌지 않으면 아이들이 굶을지도 모른다는 절박함이 있었기 때문이다.

우리 부부에게도 꽃집으로 성공하지 않으면 제주에서 살아남을 수 없다는 절실함이 있었다. 남편이 계속 채권추심을 받는 상황에서도 카드사에 직접 들어가 계약을 체결하고 나올 수 있었던 것은 바로 살아남기 위한 절실함이 있었기 때문에 가능한 일이었다.

8평을 넘어 100평으로
거인의 어깨 위에 올라타라
흔들릴 만큼 흔들려야 제맛을 내는 셰이크가 된다
자기 길을 가는 위대한 스칼렛처럼
"엄마, 나 죽고 싶어!"
〈전설의 고향〉에 나올 법한 귀신 같은 직원
정말 필요한 것은 자본이 아니고 신념이다
당대 1인자에게서 배운다, 그리고 넘어선다
얼어죽은 개구리의 교훈
시장은 인터넷 광고에 홀려 있다
'다음'과 플라워몰의 본사는 제주에 있다
제주 상륙 10년 만에 빌딩 짓기
두통과 불면, 그리고 우울증

4장

상상:
한계 없는
상상을 하라

성공하는 사람은 프로그램을 가지고 있다.
그는 자기가 겪을 과정을 설정하고 거기에서 벗어나지 않는다.
그는 계획들을 입안하고 그것들을 실천한다.
그는 자기의 목표를 향해 곧바로 나아간다.
그는 자기가 가고자 하는 곳을 알고 꼭 거기로 갈 것임을 안다.
그는 자기가 하는 일을 사랑하고 자기 욕망의 대상에게로
자기를 데려다줄 그 여행을 사랑한다.
그는 늘 열의로 끓어오르고 강한 집념으로 가득 차 있다.
이런 사람이 바로 성공한 사람이다.
지그 지글러_성공 철학자

8평을 넘어
100평으로

'특별한 기회'가 절묘한 '타이밍'이다

> 약자는 기회를 기다린다.
> 강자는 기회를 만든다.
>
> 앤더슨 바텐

　서진이가 태어난 지 6개월이 되자 세 식구가 눕기에는 방이 너무 좁았다. 서진이는 엄마 아빠 사이에 샌드위치처럼 끼어서 겨우 잠을 잤다.

　"서진이가 조금 더 크면 방이 좁아서 여기에서 함께 자긴 힘들 것 같아요."

　"그렇잖아도 조천에서 장사를 하기에는 아무래도 한계가 있다고 생각했어. 제주시로 나가야 할 것 같아."

　남편도 같은 고민을 하고 있었다. 그러더니 어떻게 해서든 제주시로 가게를 이전하자고 했다. 안집 아저씨가 땅도 주겠다는데 조천을 떠나는 것이 못내 아쉽기는 했지만, 우리 부부는 조천에서 2년 동안 장사를 해오면서 한계를 느끼고 있었다.

"제주꽃배달전문점이죠? 매장에 직접 방문해서 꽃을 주문하고 싶은데요, 매장 위치가 어떻게 되나요?"

"네, 저희 매장은 조천에 있지만 배송은 전 지역 가능합니다."

"네? 북제주군 조천에 매장이 있다고요?"

매장이 시내에 있는 줄 알고 간혹 고객들이 매장으로 찾아오겠다고 할 때가 있다. 고객들은 매장이 조천에 있다는 말에 시골에서 시내까지 꽃배달을 어떻게 하냐고 하면서 주문도 하지 않고 전화를 끊어버리는 일이 종종 있었다. 시골이라는 위치적 특성 때문에 신뢰가 가지 않는 것이었다. 그 후로 남편은 제주시로 배달을 나갈 때마다 옮길 만한 가게 자리를 보러 다녔다.

1997년에 이마트가 구제주 탑동에 들어왔다. 대형 할인매장이 생기면서 동네 상권이 죽는다는 우려의 목소리가 들렸다. 나도 같은 걱정을 하고 있었다.

"이마트에서 작은 화분이나 조화 소품들을 팔면 꽃집들도 타격이 있을 텐데…."

"그럼 이마트 내에서 꽃집을 운영하면 되겠네!"

그러나 이미 이마트 안에는 작은 꽃 매장이 들어와 있었다. 우리 부부는 포기하지 않고 동양란 화분을 예쁘게 포장해 탑동에 있는 이마트 매장 사무실을 방문했다. 우연히도 이마트 점장이 남편과 대학 동문이었다. 직원은 점장실로 안내했고 우리는 점장과 이야기를 할 수 있었다.

"이마트 안에 작은 꽃 매장이 있던데, 어떤 방식으로 운영되는 건가요? 우리가 꽃 매장을 직접 운영해볼 방법은 없습니까?"

"꽃 매장은 직영이 아니라 전국 이마트 꽃 매장만 담당하는 서울의 협력 업체가 있어요. 그곳에서 제주 지점 꽃 매장을 관리하고 있으니, 협력 업체에 문의를 해보시는 것이 좋겠습니다. 제가 도울 일이 있으면 도와드리지요."

어쩔 수 없이 이마트에 입점하는 것은 일단 포기하기로 했다.

그 무렵 제주시 연동에 위치한 꽃집이 〈오일장신문〉에 매물로 나왔다.

'B업체-꽃집 매매, 권리금 2천만 원, 연세 300만 원.'

하우스로 지어진 꽃집이었는데 실내에는 가건물로 된 살림집까지 포함되어 있었다. 권리금이 내심 부담스러웠지만 마음에 들었다. 또한 그 꽃집이 제주 이마트 협력점으로 꽃을 납품하고 있다는 이유로 더욱 욕심났다. 하지만 가게 주인은 이마트 매장은 본인들이 직접 운영하고 연동의 가게만 인수하기를 원했다.

이마트 꽃 매장은 본사인 B업체에서 전국에 꽃을 납품하는 형태였지만 제주는 지리적 특성상 협력점의 형태로 관리되고 있었다. 당시 제주 이마트 꽃 매장의 매출은 인건비도 안 나올 정도로 형편없었다. 우리는 가게 주인에게 이렇게 제의했다.

"이마트 꽃 매장 운영권을 함께 넘겨주면 우리가 가게를 인수할게요. 매출도 별로 없는 매장을 가지고 있으면 뭐합니까?"

"글쎄요, 그래도 성수기 때는 괜찮거든요. 아내와 한번 상의해보죠."

B꽃집 사장은 다음 날 이마트 꽃 매장도 함께 넘기겠다고 전화를 해왔다. 그의 아내가 아이를 보면서 꽃집을 운영하는 것을 버겁게 느끼고 있었고 매출도 저조하던 차였다. 때마침 우리가 함께 인수하겠다고 제의를 하자 조금 고민을 하다 흔쾌히 넘겨주기로 한 것이다.

대형 할인매장인 이마트의 미래를 봤을 때 장사가 잘될 것이라고 예측했기 때문에 가게에 욕심이 났다. 일단 계약금 200만 원을 주고 왔다.

권리금과 이사 비용이 문제였다. 가게를 인수하겠다고 했지만 아무런 대책이 없었다. 고심 끝에 여기저기 돈을 빌릴 수 있는지 알아보았다. 그러나 아무 연고도 없는 제주에서 우리가 돈을 빌린다는 것은 결코 쉬운 일이 아니었다. 조천에서 장사가 잘되기는 했지만 그때까지 큰돈을 모으지는 못했다. 겨우 먹고살면서 거래처에 상품 값을 갚아나가는 정도였다.

지금 생각하면 무슨 배짱으로 가게 계약을 했는지 모르겠다.

그러던 어느 날 남편의 후배 영선 씨에게 전화가 왔다. 바다낚시를 좋아하니 제주도에 살고 싶다고 하는 것이었다. 그렇잖아도 함께 일할 직원이 필요했는데 꽃집에서 일해보면 어떻겠냐는 제의에 후배는 흔쾌히 동의했다. 게다가 가게 이전에 부족한 돈은 영선 씨가 빌려준다고 했다.

조천화원이 잘된다는 것은 소문이 자자했기 때문에 조천화원을 바로 다른 사람에게 넘겨주었다. 그리고 우리 부부는 꽃집을 창업한 지 2년 만에 8평 매장에서 제주시 연동에 있는 100평 매장으로 확장 이전을 했다. 이사 후, 우리 가족과 영선 씨는 매장 안에 있는 30평 정도의 살림집에서 같이 살게 되었다.

우리가 조천을 떠난다고 하니 안집 아저씨는 서운하고 섭섭해서인지 한동안 관계가 소원하기도 했다. 2년 동안 살던 조천을 떠나려니 마치 고향을 떠나는 것 같았다. 제주에 와서 처음으로 자리 잡은 곳이었기에 우리 부부에게는 제2의 고향이나 다름없었고, 머리 좋은 천재가 많이 나온다는 조천은 딸 서진이에게는 고향이기도 했다.

말콤 글래드웰은 그의 저서 『아웃라이어』에서 아웃라이어가 무엇인지 이렇게 정의한다. 아웃라이어란 '보통 사람의 범주를 넘어서는 성공을 거둔 사람', 즉 '성공의 기회를 발견해 그것을 자신의 것으로 만든 사람'을 말한다. 그는 아웃라이어가 되기 위해서 갖추어야 할 것으로 타고난 지능과 재능, 개인적인 열정과 노력, 유전적 요소 이외에 '특별한 기회'와 '문화적 요소'라는 2가지를 제시한다. 글래드웰이 이야기하는 성공의 결정적 요인은 '특별한 기회', 바로 타이밍이다.

캐나다의 엘리트 하키 선수들의 경우 연초에 태어난 사람이 많다. 유소년 하키 선수를 선발할 때 1월 1일을 기준으로 하기 때문이다. 1월 1일에 태어난 어린이들은 12월 31일에 태어난 어린이들과 같은 리그에서 뛰게 된다. 그 결과 대부분 발육 상태가 좋은, 연초에 태어난 어린이들이 선발되고 엘리트 하키 선수로 성장한다는 것이다.

마이크로소프트사의 빌 게이츠나 썬 마이크로시스템즈의 창립자 빌 조이의 성공 사례도 마찬가지다. 빌 게이츠는 시애틀의 시내 중심가에 있는 엘리트 사립학교에 들어갔고, 당시에는 희귀했던 '시간 공유 컴퓨터 터미널'을 접하는 행운을 누렸다. 그로 인해 컴퓨터 세계에 일찍 발을 들여놓을 수 있었다. 빌 조이는 미시건대학교가 '컴퓨터 센터'를 연 직후에 그 학교에 다니기 시작했으니 그 타이밍이 절묘하다.

전설적인 그룹 비틀즈와 이들에게는 공통점이 있다. 비틀즈 멤버들은 초창기에 함부르크에 있는 한 클럽에서 매일 8시간씩, 대략 10년 동안 1만 시간을 연습에 투자했다.

빌 게이츠도 컴퓨터 앞에서 1만 시간 이상 몰두한 뒤 마이크로소프트사를 창립했다. 빌 조이도 하루 10시간씩 1만 시간 이상을 컴퓨터 앞에서 시간을 보냈다. 신경과학자 다니엘 레비틴은 '1만 시간은 위대함을 낳는 매직 넘버'라고 강조하기도 했다.

성공한 아웃라이어를 꿈꾼다면 가능성과 재능을 꾸준히 계발하고 집중적으로 파고들어야 하는데, 최소한 1만 시간을 투자해야 한다. 성공하기까지 하루 3시간을 투자하면 10년, 하루 6시간을 투자하면 5년이 걸린다. 빠른 성공을 원한다면 하루 10시간씩 투자해 성공하는 시간을 3년 이내로 단축할 수도 있다.

우리 부부가 8평짜리 조천화원 매장에서 제주시에 있는 100평 매장으로 이전하고 이마트 꽃 매장의 협력점으로 들어가게 된 것은 결코 우연이 아니었다. 하루 12시간씩 꽃배달 마케팅에 집중했고 매출 증대를 위한 다양한 방법을 고민했다. 때로는 꽃들이 꿈속에서 춤을 추기도 했다. 그렇게 잠자는 시간까지 쪼개 꽃집에 몰두한 결과 우리에게 기회가 왔다. 이마트 협력점과 함께 시내에 있는 B꽃집을 인수하게 된 것이다. 독수리가 먹이를 채가듯이 절묘한 타이밍을 포착한 셈이다.

2년 만에 100평 매장으로 확장 이전을 하고 이마트 꽃 매장에 입점한 것을 자산으로 대략 평가해보니 족히 5천만 원이 넘을 것으로 추정되었다. 하루 24시간을 2년 동안 몰두한 결과였다.

거인의 어깨 위에
올라타라

하우스에 살아도 빗소리를 들으며 행복해하다

지배적인 생각이나 마음가짐은
자석처럼 비슷한 것을 끌어당기는 법이므로,
마음가짐이 어떠하든 그에 어울리는 조건이
삶에 나타날 수밖에 없다.

찰스 해널

따닥 따닥 딱딱 딱딱 딱딱. 따발총 소리처럼 들리는 빗소리. 비닐하우스로 된 집이라서 비가 오는 날에는 빗소리가 엄청 크게 들렸다. 평생 들을 빗소리를 그때 다 들었던 것 같다. 다행히도 남편과 나는 비 오는 날을 좋아했다. 비가 오면 마음이 차분해지고 왠지 감성적이게 되는 것도 좋다. 함께 부침개에 막걸리 한 잔으로도 행복해지던 시절이었다.

하우스 매장 안에는 가끔 개구리와 도마뱀이 출현하기도 했다. 자연친화적인 숲 속 같은 환경에서 거북이와 강아지를 키우며 매일 꽃을 꽂았다.

서진이가 어느 날 내게 물었다.

"엄마, 엄마는 언제가 제일 행복했어?"

"글쎄."

서진이의 질문에 곰곰이 생각해보았다. 하우스로 이사한 날 침대에 대 자로 누워서 천장을 바라보던 게 떠올랐다. 입가에 미소가 번지더니 구름을 타고 날아다니는 듯 부웅 뜬 기분이었다. 좁은 곳에서 2년 동안 살다가 넓은 곳으로 옮기고 나니 마치 천하를 얻은 것 같았다. 매장 안의 살림집은 비록 가건물이긴 했지만 넓어서 좋았다. 생각해보니 그때가 가장 행복했던 것 같다.

비닐하우스로 된 매장은 앞쪽에 상품을 진열하고 작업을 할 수 있는 공간과 작은 방이 하나 있었고, 뒤쪽에 30평 정도의 공간에 가건물로 된 살림집이 꾸며져 있었다. 방과 주방밖에 없는 단순한 구조였지만, 침대를 한편에 놓았는데도 방이 운동장만큼 넓었다.

'제주꽃배달전문점'을 상호로 사용하면서 제주 전 지역 꽃배달을 본격적으로 시작했다. 그러면서 자연스럽게 전국꽃배달서비스에 더 관심을 두게 되었다. 그때는 전국꽃배달서비스가 막 자리 잡기 시작할 무렵이었다.

당시에는 꽃배달 중계 협회인 CT플라워협회에 체인점으로 가입하는 것만으로도 화훼업계에서는 거인의 어깨 위에 올라타는 일이었다. 그렇기에 협회에 들어가려는 경쟁이 치열했다. CT플라워협회는 체인점 자격 요건도 까다로웠고 엄격한 심사를 거친 후에 가입할 수 있었는데, 제주에서는 우리 꽃집이 엄청난 경쟁을 뚫고 협회에 가입했다.

우리는 협회 워크숍이 있을 때마다 부지런히 다니면서 제주꽃배달전문점을 알렸고, 그와 비례해 매출이 증가했다. 또한 워크숍에 참석하면서 전국적으로 최상위 매출을 올리고 있는 사장님들과 친분을 쌓게 되었다. 우리도 매출을 올리기 위한 방법들을 다양한 경로로 알아보았다.

"꽃배달 업계에서 어떻게 하면 최고가 될 수 있을까?"

"그야 최고의 꽃집을 벤치마킹하면 되지."

"그래, 우리 최고의 꽃집들을 방문해보자!"

우리 부부는 전국 최고의 매출을 올리고 있는 꽃집 사장님들과 식사를 하면서 친분을 맺었고, 매장을 직접 방문하기도 하면서 많은 것들을 배웠다.

일산의 Y플라워를 방문했을 때 일이다. 사무실에는 5~6명의 여직원이 있었는데 각자의 책상 앞에 선반이 있었고 그 위에 2단으로 전화기가 여러 대 놓여 있었다. 그런데 직원들이 울리는 전화기를 양손으로 마치 춤추듯 받고 있는 것이 아닌가? 주문 전화가 폭주하는 모습이었다.

"도대체 어디서 주문 전화가 이렇게 많이 걸려오는 겁니까?"

우리 부부는 신기하기도 하고 부럽기도 해서 물어보았다. 인상이 좋고 연배가 남편보다 많은 Y플라워 사장님이 말했다.

"실은 말이야, 우리는 일산에 앉아서 전화 주문을 받지만 부산, 광주, 대전, 하물며 제주도에서도 꽃배달 주문 전화가 걸려와."

"네? 제주도에서도 주문이 온다고요?"

"우리 사무실에 제주도 전화번호가 있거든. 전국 모든 지역에 전화를 개설하고 착신전환 서비스를 이용해서 주문은 일산에서 받는 거지."

Y플라워 사장님은 놀라운 사업 노하우를 우리에게 말해주었다. Y플라워는 전국 지역을 대상으로 수십 개, 아니 수백 개의 전화를 개설했다. 착신전환 서비스를 이용해 주문은 일산에서 받고 전국 협회 체인망을 통해 꽃을 배달하고 있었던 것이다.

어느 날 한 통의 전화가 걸려왔다.

"혹시 영미 친구 해원이 아니니?"

"네, 맞는데요. 누구시죠?"

"나는 영미 아빤데, 이번에 H통신 제주본부장으로 발령받아서 내려와 있어. 한번 찾아와라."

"네? 영미 아빠라고요?"

영미는 중학교 2학년 때부터 친하게 지내온 죽마고우였다. 친구 집에 놀러갔다가 친구 아버지를 잠깐 뵌 적은 있었다. 친구는

"우리 아빠는 서울대를 나온 1급 공무원이야. 대통령과 같은 급수지!"라고 자랑하곤 했다.

도대체 무슨 일을 하는 분인지 궁금하기도 했지만, 자세한 직업은 모르고 '영미 아빠는 뭔가 대단한 일을 하시는 분이구나.'라고만 생각했었다. 그때 잠깐 뵈었던 분이 제주까지 오시게 될 줄이야. 우리 부부는 꽃바구니를 예쁘게 만들어서 H통신 본부장실을 방문했다. 풍채가 듬직하고 카리스마가 넘치는 본부장님이 '영미 아빠'라고 하면서 반가이 맞아주셨다.

"혹시 내가 뭐 도울 일 있나? 아직까진 인맥이 꽤 넓은 편이니 나를 최대한 활용해."

친구 말대로 1급 공무원 같은 기운이 느껴졌다. 본부장님은 임원들을 부르더니 우리 부부를 소개해주셨다. 그러시면서 "내 딸친구니까, 내 딸이나 마찬가지야. 혹시 도울 일이 있으면 적극적으로 도와들 주게나." 하고 말씀하시는 것이 아닌가! 그 목소리와 표정에 위엄이 있었다. 임직원들이 "네." 하고 바로 대답했다.

그날 돌아오는 길에 우리 부부는 귀인을 만났다는 생각이 들었다. 그 후로 본부장님은 여러모로 우리를 도와주셨고 가끔 밥을 사주시며 어려운 일은 없는지 항상 물어보셨다.

텔레마케팅을 막 시작하려던 차에 친구 아버지가 H통신 본부장으로 제주도에 부임해오셨다. 그분의 도움을 받아 우리는 50여 개의 전화 회선을 제주 전 지역에 수월하게 깔 수 있었다. 그리고 제주 전 지역 꽃배달 텔레마케팅을 더 활발히 할 수 있게 되었다.

"생각은 자기磁氣 신호를 전송해 비슷한 것이 되돌아오게 끌어당긴다."라고 조 바이텔리 박사는 말했다. 생각에는 주파수가 있어서 우리가 한 생각들을 우주로 전송해 비슷한 것들을 자석처럼 끌어당긴다는 것이다. 친한 친구의 아버지가 H통신 본부장으로 제주에 내려온 것은 지난번 조천 방파제에서 최고의 꽃집을 만들겠다는 우리의 생각이 우주로 전달되어 자석처럼 그분을 끌어당긴 것이리라.

흔들릴 만큼 흔들려야
제맛을 내는 셰이크가 된다

인간은 노력하는 한 방황한다

> 실수를 저지른 적이 없는 사람은
> 새로운 것을 시도해본 적이 없는 것이다.
>
> **알베르트 아인슈타인**

"제주시에 꽃을 배달시키려고 하는데요, 가까운 꽃집 전화번호를 알려주세요."

지역의 꽃집을 잘 모르는 고객들은 114에 전화를 걸어 이렇게 묻는다. 콜센터 안내원은 가까운 지역이나 친숙한 업체의 전화번호를 안내해준다. 그렇게 안내받은 곳에서 주문하면 그 꽃집에는 한 건당 평균 5만 원 정도의 매출이 발생한다. 10건이면 50만 원, 20건이면 100만 원의 매출이 발생하는 것이다. 안내원이 알려주는 전화번호가 매출과 직결되는 것이다. 지금은 '114우선안내'라는 유료 광고제를 도입하면서 광고비를 지불한 업체 순위 대로 안내를 해주지만, 우리가 창업을 할 당시에는 114우선안내에 대한 유료 광고가 도입되기 전이었다.

제주에서 지인을 통해 알게 된 114 안내과장은 남편과 호형호제하는 사이였다. H통신에서는 콜센터 안내원들이 쉴 수 있는 휴게실을 만들고 있었다. 안내과장과 이야기를 나누다가 휴게실 개소 기념으로 휴게실 사방 벽면에 거울을 설치해주기로 했다. 보통은 개소 축하 기념으로 화분을 보내지만 '제주꽃배달전문점'이란 상호와 전화번호가 적힌 거울을 붙여준 것이다. 휴식을 취하면서 자연스럽게 상호와 전화번호를 볼 수 있는 간접광고였다. 간접광고가 효과적일 거라는 우리의 예상은 적중했다.

"노형동으로 꽃배달되죠?"

"서귀포에도 꽃배달되나요?"

제주 전 지역으로 꽃배달 주문이 밀려들어왔다.

어느 날이었다. 매장으로 홍보물 한 장이 배달되었다. A4 크기의 책받침으로 코팅된, 경기도에 있는 L꽃집의 홍보물이었다. 'DM발송', 즉 홍보물을 예상 고객에게 우편으로 보내어 판매를 촉진하는 다이렉트 마케팅Direct Marketing이었다.

한번은 강남에 있는 P플라워의 사장님을 만났다. 대한민국에서 상권이 최고인 강남에 위치한 P플라워는 소매와 통신판매를 적절하게 운영하면서 상당한 매출을 올리고 있었다.

사무실에서는 여직원들이 주문 전화를 받느라 분주했고 매장 뒤쪽에서는 기사들이 큰 자루에 들어 있는 책받침 모양으로 제작된 홍보물을 옮기고 있었다. 산더미처럼 쌓여 있는 쌀가마 크기의 자루들은 고객들에게 발송되는 우편물이었다. 얼핏 보아도 몇 만 장은 되어 보였다.

이 많은 우편물을 고객들에게 발송하고 있다니! 놀라움을 금치 못했다. 우편물을 받은 고객 중 10%만 주문을 해도 엄청난 양이다.

"그래, 우리도 고객들에게 DM발송을 하자!"

"그런데 우편물을 발송할 예상 고객의 명단은 어디서 구하지?"

그때까지 우리가 쌓아놓은 고객 데이터는 얼마 되지 않았다. 홍보물을 발송할 고객 데이터가 필요했다. 자료를 찾다 보니 상공회의소에서 제공하는 기업 데이터가 있었는데 유료로 회원가입을 하면 수십만 업체의 기업 명단을 제공받을 수 있었다.

우리는 황금어장이라도 찾은 듯이 데이터를 내려받아 필터링 작업을 하고 DM발송 준비를 했다. 홍보물의 제작 단가를 낮추기 위해 코팅기를 구입해서 직접 코팅을 하기도 했다. 매장에 주문이 없는 시간에는 직원들과 함께 코팅 작업을 하고, 직원이 퇴근하고 나면 잠들기 전까지 우편 발송용 봉투 작업을 했다.

그런데 1만 장 단위로 우편 발송을 했는데 기대와 달리 주문은 별로 안 들어오고 한아름의 우편물만 반송되었다. 매일매일 한 바구니씩 우편물이 반송되었다. 반송된 우편물의 주소를 데이터에서 삭제하고 봉투를 뜯는 작업도 만만치 않게 힘들었다. 집배원 아저씨가 날마다 오는 통에 하루라도 오지 않으면 허전하게 생각될 정도였다.

반송률은 10% 이상이었고 주문은 1%도 안 되었다. 그러나 그 1%의 주문은 우리에게 매우 큰 것이었다. 한 달에 신규 주문이 500건 정도였는데, 일 년이면 5천 건이 되는 것이다. 기대보다는 적었지만 투자 대비 괜찮은 결과라고 생각했다.

DM 작업을 밤낮으로 쭈그리고 앉아서 하다 보니 허리가 결려서 우리 부부는 한동안 한의원에 들락거리는 단골 환자가 됐을 정도였다. 나중에는 주문량과 업무량이 증가해 DM발송 작업은 외주를 주었다. 또한 수기로 관리하던 고객 주문관리를 시스템화하기로 했다. 그 무렵 뉴런시스템이라는 회사에서 고객 주문관리를 할 수 있는 시스템을 개발해 보급하기 시작했다. 초기라서 완성도가 떨어지긴 했지만 이 관리시스템을 사용하면서 그날그날의 주문건, 매출, 이익 등을 한눈에 볼 수 있어 고객관리가 한결 수월해졌다.

꽃집이 가장 바쁜 날은 3월 14일 화이트데이다. 예전에는 5월 8일 어버이날에 주문이 쇄도했었는데, 어느 해부터인가 어버이

날을 제치고 화이트데이에 더 많은 꽃배달 주문이 들어왔다. 부모님보다는 연인이 우선시되는 시대가 도래한 것이다.

화이트데이에는 남자가 좋아하는 여자에게 사랑을 고백하면서 꽃과 함께 사탕을 선물한다. 이날 연인에게 꽃 선물을 하지 않으면 남자는 한동안 여자 친구나 아내의 섭섭해하는 얼굴을 봐야 한다. 그래서인지 전국의 모든 남자들이 일시에 꽃집에 전화를 하는 것 같다. 이날만큼은 화장실 갈 시간도 없을 정도로 여기저기에서 꽃배달 주문 전화가 걸려온다.

한번은 화이트데이를 알리는 홍보 문자메시지를 프로그램을 통해 발송했는데, 시스템 오류로 문자 수신거부 고객에게 홍보 문자가 날아갔다. 그런데 그 문자를 받은 한 고객이 스팸 메시지라고 전파 관리소에 신고를 했다. 수신거부 고객에게 문자를 보내면 과태료가 나온다는 사실을 그때 알게 되었다. 그 때문에 정보통신법 위반으로 과태료만 400만 원 이상 나오기도 했다.

사업을 하다 보면 고객관리, 직원관리, 상거래법, 회사법, 회계, 세무 등에 이르기까지 많은 문제와 직면한다. 하나하나 문제가 생길 때마다 스트레스를 받으면서 배움에 대한 필요성을 절실히 느꼈다. 사업체의 규모가 커지면서 그와 비례해 당장 부딪치는 일도 많았다. 전화를 걸어 물어볼 곳이 있으면 그래도 다행이었다. 그때그때 마주친 문제들을 하나씩 해결하거나 시행착오를 거치면서 많은 것을 배우게 되었다.

남편과 함께 사업을 해오면서 느낀 점은 좀더 배워야겠다는 것이었다. 무지에서 오는 답답함에 나는 늦은 나이였지만 제주대학교 경영학과에 야간으로 진학하기도 했다. 실무에서는 몰랐던 경영학 이론들을 접하면서 나름대로 꽃집 경영에 접목시켰고 마케팅과 회계관리, 그리고 인사관리 등 수많은 경영과 관련된 책들은 나에게 단비와도 같았다.

한 분야에서 최고가 된 사람들에게는 어김없이 시련과 역경을 극복한 이야기가 있다. 무슨 일이 있어도 성공하겠다는 신념이 열정을 만들고 독한 마음을 갖게 한다. 그들은 때로는 방황하지만 죽기 살기로 노력하기를 멈추지 않는다. 그리고 그 방황 끝에 목표를 확실히 잡고, 명확한 목표를 갖게 되면 확실한 방법을 찾아 전력으로 질주하기 시작한다. 그리고 한시도 쉬지 않고 자신이 꿈을 이룬 모습을 상상한다.

독일의 시인 괴테는 "인간은 노력하는 한 방황한다."라고 말했다. 지금 헤매고 있다면 노력하고 있다는 증거다. 지금 방황하고 있다면 성장을 하고 있다는 증거다. 흔들리고 있다면 해답이 멀지 않았다는 것이다. 헤매고 방황하고 흔들리다 보면 골고루 잘 섞여 제맛이 난다. 흔들릴 만큼 흔들려야 제맛이 나는 셰이크처럼, 마침내 완벽한 제맛을 내는 것이다!

자기 길을 가는
위대한 스칼렛처럼

집중력 훈련이 잘된 제대로 '미친 벌'

결국 내일은…
내일은 내일의 태양이 떠오를 테니까.
〈바람과 함께 사라지다〉 스칼렛 오하라

"하느님, 당신이 증인이십니다.

당신 앞에 맹세코 이대로 쓰러지지 않겠습니다.

이 고난을 견디어내고, 이 이후에 다시는 내 식구들을…

굶주리게 하지 않겠습니다.

필요하다면 거짓말, 도둑질, 사기, 살인을 해서라도

다시는 절대 굶주림에 허덕이지 않겠습니다."

영화 〈바람과 함께 사라지다〉의 여주인공 스칼렛 오하라가 폐

허가 된 고향의 타라 농장에서 울부짖으며 외치는 대사다.

참혹한 남북전쟁의 폐허 속에 고향으로 돌아온 스칼렛에게는 어머니의 죽음과 실성한 아버지, 혹독한 가난이 기다리고 있었다. 그녀는 절망하는 가운데 타라 농장의 흙을 만지면서 "내일은 내일의 해가 떠오를 거야."라고 말한다. 그리고 한 가닥의 희망을 부여잡고 마음을 독하게 먹는다. 그 후로 지독한 여자라는 주위의 따가운 시선에도 아랑곳하지 않고 오로지 돈 버는 일에 매달린다. 임금을 아끼기 위해 노예시장에서 저임금의 노예들을 데려다가 목재공장을 돌리고, 마차를 직접 몰고 다니기도 하며, 심지어 원수라도 돈을 벌 수 있다면 거래를 한다. 영화를 보면서 아름답지만 독하면서도 당찬 스칼렛의 매력에 푹 빠졌었다. 상대역인 레트 버틀러 역을 맡았던 배우 클라크 케이블의 매력적인 미소도 잊을 수가 없다.

꽃집이 바쁜 5월이 되어 정신없이 행사 준비를 하고 밤새 꽃바구니를 만들 때마다 스칼렛이 사업을 진두지휘하면서 일에 몰두하던 모습을 가끔씩 떠올렸다. 그리고 독하게 살아가는 스칼렛의 당찬 모습을 생각하며 일이 버거울 때마다 마음을 다잡았다. 지금의 내 모습이 마치 〈바람과 함께 사라지다〉의 여주인공 같다는 생각을 하기도 했다.

꽃집을 운영하다 보면 하루 2~3시간 자면서 밤새 꽃바구니를 만들어야 하는 시즌이 있다. 3월 14일 화이트데이와 5월 8일 어버이날이다. 주문량이 많아지는 시기에는 직원들에게 특별히 당부했다.

"이번 달에는 술 마시지 말고 애인도 만나지 마세요. 몸이 피곤하지 않도록 퇴근하면 바로 집에 들어가서 쉬고 컨디션 조절을 해야 합니다. 그리고 절대 아프면 안 됩니다! 아프더라도 바쁜 시즌이 끝나고 아프세요."

성수기 전 컨디션 조절은 매우 중요하다. 직원 중에 한 명이라도 아프거나 결근을 하는 날에는 일 년 농사를 망칠 수도 있기 때문이다. 꽃집의 일 년 농사가 3월과 5월에 결정된다고 해도 과언이 아니다.

"사장님, 정말 지독하세요!"라고 직원들은 말하곤 했다. 하지만 욕을 먹어도 어쩔 수 없다. 직원들의 협력이 없으면 주문량을 제때에 모두 처리할 수 없기 때문이다. 꽃을 꽂고 포장을 하고 인터넷 주문량을 처리하는 것은 하루아침에 배워서 되는 일이 아니다. 플로리스트가 아닌 아르바이트생이 할 수 있는 일은 꽃통에 물갈기, 청소하기 등 단순한 업무뿐이었다. 어쩔 수 없이 직원들이 밤을 새서라도 주문량에 맞춰서 작업해야 하는 것이다.

꽃을 준비하고 필요한 리본들을 모두 미리 만들어놓은 뒤 예약된 상품들은 5월 6일부터 만들기 시작한다. 그리고 다음 날인 7일부터 어버이날 꽃배달을 시작한다. 수백 건의 주문량을 처리하기 위해서는 일사불란하게 진행되어야 했다.

기초 작업을 하는 팀, 잎 소재를 꽂는 팀, 그리고 꽃을 꽂는 팀 순으로 자리를 배치하면 마치 꽃바구니 공장처럼 상품이 제작되어 나온다. 가장 중요한 작업인 꽃을 꽂는 일은 플로리스트가 하는데, 기초 작업이 되어 있는 상태에서 꽃을 꽂으면 10분에 하나씩 상품이 완성된다.

작업을 하다 보면 바닥에 쓰레기가 가득해지고 10cm 이상 쌓인 꽃가지들을 밟고 뒤뚱거리면서 다녀야 한다. 오후가 되면 끊이지 않는 전화로 직원들은 이미 기진맥진해하고 매장은 회오리 바람이 지나간 듯 아수라장이 된다.

시즌 때마다 전국 배송 주문량은 많을 때는 1천 건이 넘었다. 평소보다 10배 많은 주문이 한꺼번에 몰리는 것이다. '주문이 연중 골고루 있으면 얼마나 좋을까? 이렇게 한꺼번에 주문이 몰리니까 정말 힘들다.'라는 생각을 하면서도 한편으로는 '이렇게 일 년에 몇 번은 행사가 있어야 일할 맛도 나지!' 하고 긍정적으로 생각했다.

언젠가 들었던 곤충들의 이야기에서 한 가지 배운 것이 있다. 개미는 남을 해치지 않으면서 부지런히 일하고 자기 것은 열심히 챙기지만, 남을 돕지는 않는다. 거미는 전문가답게 거미줄을 치고 먹이가 걸려들면 냉큼 잡아먹는다. 남에게 해를 끼치는 정도가 아니라 아예 상대를 먹어치워 버리는 것이다.

반면에 꿀벌을 보자. 부지런히 꿀을 찾아다니고 꿀을 모아 이꽃 저 꽃에 꽃가루를 퍼뜨려서 꽃의 수분을 돕는다. 강력한 독침을 지녔어도 함부로 사용하지 않는다. 거미처럼 상대를 함정에 빠뜨려 공격하는 일도 없고 애써 모은 꿀과 로열젤리를 인간에게 빼앗겨도 묵묵히 다시 꿀을 모은다. 어떻게 꿀벌처럼 자기 일에 미칠 수 있을까? 꿀벌을 자세히 관찰하면 배울 수 있다. 꿀벌은 꽃을 사랑하고 꿀을 모으는 일에 모든 열정을 바친다. 꿀을 모을 때 결코 한눈을 팔지 않는다. 오로지 꿀만 보고 꿀 속에 파묻혀 꿀만 모을 뿐이다. 그러나 적이 다가오면 죽음을 불사하고 싸운다.

꿀벌처럼 자기가 하는 일에 무한한 애정을 가지면 능동적으로 일하게 된다. 좋아서 하는 일은 누구도 말릴 수 없고, 그 잠재 능력도 무한하다. 또한 일에 미치면 재물은 선물처럼 따라오게 된다. 우리 부부는 어느새 일에 미친 일중독자가 되어 있었다. 오로지 꿀을 모으기 위해 집중력 훈련이 잘된 벌처럼 꽃에 제대로 미쳐 있었다.

상품 주문이 수백 개가 밀려들어와도 모든 일을 다 처리할 수 있는 힘이 끊임없이 나왔다. 그것은 처음 바다를 건너올 때 제주에서 꼭 성공하겠다고 다짐한 확실한 목표와 할 수 있다는 신념이 있었기에 가능한 일이었다.

해를 거듭할수록 전국 최고의 꽃집이 되는 상상을 하면서 낯선 제주에서 전국꽃배달전문점의 미래를 위해 우리는 벌처럼 일에 집중했다.

인생의 가치는 노력에 있다고 생각한다. 그 노력의 극치는 바로 성취다. 성취의 보상은 기쁨으로 다가온다. 벌처럼 노력한 결과 우리는 꽃배달협회에서 중개물량 전국 순위 1~2위를 다투게 되었고 전국적으로 주목받는 꽃집이 되었다. 창업을 한 지 불과 3년이 안 되는 시점이었다.

"엄마,
나 죽고 싶어!"

심심치 않게 일어나는 장미전쟁

> 장미꽃이 누구를 사랑하는지 모른다네.
> 그러나 나는 너희 모두를 사랑하지.
> 장미꽃과 나비와 햇빛,
> 저녁별, 그리고 꾀꼬리를.
>
> **하인리히 하이네**

　어버이날 시즌 동안 겨우 2~3시간 잠을 자고 밀려드는 주문을 처리하다 보면 신경이 예민해질 수밖에 없다. 이마트와 연동에 있는 매장을 왔다 갔다 하면서 정신없이 바쁠 때는 사소한 일에도 남편과 의견이 충돌한다.

　"굳이 바구니를 철사로 묶을 필요가 있어? 오아시스를 좀 크게 잘라 꽉 끼게 넣어도 잘 빠지지 않는데, 가능한 한 시간을 단축해야지."라고 남편이 말하면 "그래도 철사로 단단히 묶어야 고정이 돼요."라며 내가 되받아치는 식이다. 오아시스는 꽃을 꽂았을 때

빨리 시들지 않게 하기 위해 물을 흡수하고 있는 스펀지처럼 생긴 꽃꽂이 도구다. 꽃바구니를 고정하는 일로 다툼이 시작되어, 화가 난 남편은 1년 중 가장 바쁜 5월에 가방 하나 달랑 들고 집을 나가버렸다.

고집이 세서 어릴 때부터 혼이 나며 자랐던 나도 남편의 황소고집에는 당할 수 없다. 얼마나 고집이 센지 대한민국의 박물관용으로 특허도 낼 만하다고 나는 말하곤 했다. 그런데 이번만은 나도 물러설 수 없었다. 배송중에 바구니가 망가져서 항의라도 들어오면 바쁜 시즌에 문제가 심각해진다.

남편은 집을 나가더니 전화도 받지 않고 우도로 들어가버렸다. 그리고 섬을 돌면서 '도'를 닦았다고 한다. 소 모양을 하고 있는 우도에는 소가 많다. 남편이 언덕에 앉아 소들을 구경하고 있는데 아래쪽에 무덤들이 즐비하게 있다. 그곳에서 죽은 자들의 무덤을 보고 있노라니 꽃집에서 아내와 싸운 일들이 사소하게 느껴졌다. 한참을 죽은 자들과 대화하면서 심신을 달랜다.

'죽으면 3평도 안 되는 땅속으로 들어갈 인생인데 바둥거리면서 싸울 필요가 있나?' 이렇게 생각하니 성 났던 마음이 가라앉았다. 내친김에 제주도 북쪽 끝에 있는 추자도로 발길을 옮겨서 섬을 한 바퀴 돌았다. 하루 종일 사색에 잠기고 나니 집으로 돌아가고 싶은 생각이 들었다.

집을 나간 지 3일 만에 남편이 돌아왔다. 그러나 작심삼일이라고 했던가? 다음 날 아침에 또 사소하게 시비가 붙었다. 섬에 가서 도를 닦았다더니 말짱 거짓말이었나 보다. 그 성질이 어딜 가겠나! 그날 아침에 나는 너무 흥분해서 무슨 일 때문에 싸웠는지 기억도 잘 나지 않는다. 그때 4살 난 딸 서진이가 엄마 아빠의 다툼을 고스란히 지켜보고 있었다.

며칠 밤을 새면서 일한 탓에 피곤함으로 신경이 날카로워져 있었다. 남편이 집을 나갔다 온 것도 화가 풀리지 않았는데 또 시비가 붙은 것이다. 이번에는 아예 내가 집을 나가버렸다. 그 길로 공항으로 달려가서 가장 빨리 출발하는 비행기를 무작정 탔다. 청주행이었다. 너무 화가 나 제정신이 아니었다. 당장 제주를 떠나고 싶은 마음뿐이었다. 아무것도 생각하고 싶지 않았다.

그런데 막상 청주공항에 내리니 갈 곳이 없었다. 한바탕 전쟁을 치르고 나서인지 기진맥진했다. 일단 모텔에 들어가 하루 종일 잠만 잤다. 그러다 밤이 되자 갑자기 너무 무서워서 잠에 들 수가 없었다. 덜덜 떨다가 겨우 잠이 들었는데 검은 복장을 한 강도가 창문으로 들어오는 악몽을 꾸었다. 가위에 눌려서 일어나길 반복했다. 창문 덜컹거리는 소리가 어찌나 무서웠는지 한숨도 못 자고 뜬눈으로 밤을 지새웠다.

내가 청주에서 방황하고 있는 사이 남편은 걱정이 이만저만이 아니었다. 서울 친정집에도 전화해보고 사방으로 찾았으나 청주에 가 있는 나를 무슨 수로 찾을 수 있겠는가? 내내 나를 찾다가 저녁에 어린이집에서 돌아온 서진이를 돌보면서 힘들게 하루하루를 지내고 있었다.

며칠이 지나자 나는 화가 누그러지고 집도 걱정되고 서진이도 보고 싶어졌다. 결국 3일 만에 집으로 돌아왔다. 칭얼거리는 서진이를 안고 쩔쩔매던 남편은 내가 반가운 눈치였다. 서진이는 엄마가 얼마나 보고 싶었는지 보자마자 '아앙' 하고 울면서 안겼다. 그렇게 한참을 울더니 진지한 목소리로 말했다.

"엄마랑 아빠랑 싸우니까, 엄마, 나 죽고 싶어!"

어린 서진이의 입에서 "죽고 싶다."라는 말이 나오자 나는 큰 충격을 받았다. 얼마나 힘들었으면 어린아이가 그런 말을 했을까? 어린 마음에 너무나 큰 상처를 주었다는 생각에 "서진아 미안해. 다시는 서진이 마음 아프게 하지 않을게."라고 말하면서 밤새 서진이를 안고 함께 엉엉 울었다. 그 후로 다시는 무슨 일이 있어도 집을 나가지 않으리라 결심했다.

해마다 시즌이 오면 한바탕 회오리바람이 몰아치듯 바빴다. 부부가 함께 사업을 하다 보면 힘든 일이 많다. 특히 아무 연고도 없는 타향에서 밑바닥부터 시작하니 돌발적인 사건들이 많이 일어났다. 사소한 일로 시작된 갈등이 부부싸움으로 이어지면서 심각한 위기가 되기도 했다.

우리 부부도 국지전부터 시작해서 한국전쟁, 제1차, 제2차, 제

3차 세계대전을 모두 겪으면서 지내왔다. 심심치 않게 시한폭탄과 핵폭탄이 터지는 날도 있었다. 만약 부부가 함께 사업을 시작한다는 사람이 있으면 나는 극구 말릴 것이다. 그것은 정말 험난한 길이기 때문이다. 물론 인내하고 견디면 좋은 날이 오겠지만 감당해야 할 산은 너무 높다. 하지만 이것은 나의 개인적인 생각일 뿐이다. 남편은 나와 정반대로 말한다.

"사업은 부부가 함께해야 해! 혼자 하는 것보다 백번 낫지. 아무렴, 낫고 말고."

"남편이야 물론 좋겠지. 에구, 내 팔자야!"

장미가 영국의 국화가 된 시기는 장미전쟁 이후다. 영국의 랭커스터가와 요크가는 왕위 계승 문제를 두고 장미전쟁을 일으켰다. 붉은 장미와 백장미는 각 가문의 상징이었다. 전쟁은 치열하게 이어져 어떤 마을에서는 3만 6천 명이나 죽었다고 한다. 그런데 시체들의 무덤에 심은 장미나무에서 붉은 꽃잎과 하얀 꽃잎이 섞인 장미가 피어났다. 마치 두 가문의 화합을 염원하는 듯했다. 30년 동안 지속된 장미전쟁은 랭커스터가의 헨리 7세가 요크가의 엘리자베스를 아내로 맞이해 튜더왕조를 세움으로써 끝이 났다. 두 가문이 결혼을 하고 2세가 태어나면서 평화가 찾아온 것이다.

우리 부부는 일에 미쳐 있을 때처럼 싸움을 할 때도 격렬했다.

때론 육탄전도 불사하고 죽기 살기로 싸운다. 그러나 이 모든 전쟁은 어린 딸의 말 한마디, "엄마, 나 죽고 싶어!"로 종식되었다.

하늘이 우리 부부를 사랑하기에 선물로 딸 서진이를 보냈나 보다. 서진이의 말 한마디로 전쟁은 끝나고 평화가 찾아왔으니 말이다. 딸이 아니었더라면 우리 부부는 삼팔선을 긋고 남북으로 갈라졌을지도 모른다.

고마운 딸, 서진이!

〈전설의 고향〉에 나올 법한
귀신 같은 직원

아이디어가 더해지면 '황금나무'가 된다

> 돈에서 아이디어가 나오는 게 아니라
> 아이디어에서 돈이 나오는 것이다.
>
> **마크 빅터 한센**

구제주 탑동에 위치한 이마트, 그 안의 3평 남짓한 꽃 매장은 작지만 손님들로 항상 북적댔다. 초봄에는 이마트에서 보름 정도 봄맞이 화훼 상품을 전시해 판매할 수 있도록 계산대 앞의 공간을 모두 내주었다. 초화류와 관엽식물 상품들을 진열해놓으니 마트의 전체 분위기도 화사해지면서 꽃 매장 매출까지 급상승했다. 적게는 하루에 50만 원, 많게는 100만 원 이상 매출을 올렸다.

연동에 있는 본점과 이마트 꽃 매장에서 판매되는 상품들은 주로 제주에 있는 도매 농장에서 매입했다. 매출이 많이 오르고 부터는 서울로 직접 상품을 매입하러 다니기도 했다. 과천에 있는 남서울 화훼공판장과 양재동 화훼공판장, 그리고 반포에 있는 화훼 도매상가에서 상품을 주로 매입했다. 각종 화훼 상품들을 다양하게 갖춘 도매 단지들이다. 한 번 올라갈 때마다 지입차 5톤 트럭에 식물과 자재를 한가득 채워서 제주로 내려왔다.

필요한 상품을 다 매입하려면 2박 3일 정도 화훼시장을 휘젓고 다녀야 했다. 결코 만만한 일이 아니었다. 가격을 흥정하려고 상품을 고르면서 종일 다니다 보면 저녁에는 녹초가 되었다. 다시 제주에 내려오면 몸살이 날 틈도 없이 매입한 상품을 실은 5톤 트럭이 매장 앞에 도착해 있었다. 도착한 즉시 상태와 개수를 파악하고, 일일이 분갈이를 해서 상품을 만들어야 했다. 상품들은 만들기가 무섭게 이마트 매장에서 팔려나갔다. 남편은 분갈이를 하고 나는 조화로 작품을 만들다 보면 밤 12시가 훌쩍 넘는 날이 부지기수였다.

어버이날 상품은 그야말로 만드는 대로 불티나게 팔렸다. 미니 바구니 500개와 코르사주(가슴에 다는 꽃다발) 1천 개를 준비하고, 크고 작은 상품들은 구색을 맞추기 위해 100여 개씩 준비했는데, 첫해에는 상품이 모자라서 못 팔 정도였다.

특히 이마트는 매장에 상품을 진열하는 시간이 정해져 있었다. 영업시간이 끝나는 밤 11시 이후에나 상품을 반입하고 진열할 수 있었다. 그러다 보니 새로운 상품이 들어올 때마다 거의 밤을 새우다시피 작업을 해야 했다.

바쁜 시즌이 끝나고 6월이 되면 어김없이 어깨와 허리 등 아프지 않은 곳이 없었다. 그때부터 침을 맞고 부항을 뜨고 여름 내내 한의원에 출근 도장을 찍더니, 나중에는 벌침까지 맞았다. 그리고 가을 성수기가 오면 또다시 꽃과의 전쟁이 시작되었다.

예쁜 꽃을 하루 종일 만지면서 행복하게 일할 수 있을 것 같아 시작한 일이었는데, 막상 해보니 반 이상이 막노동이었다. 물 위에서는 우아한 자태를 뽐내면서 유유자적해 보이지만, 보이지 않는 물 아래에서는 우아함을 유지하기 위해 쉴 새 없이 발을 움직여야 하는 백조 같은 직업이 바로 플로리스트였다.

다행히도 우리 가게에는 일을 잘하는 직원들이 시기적절하게 입사했다. 다른 가게에서는 직원을 구하기 힘들다고 푸념하는데 우리는 구인 광고를 내면 좋은 직원들이 기다렸다는 듯이 들어왔다. 동종업계에서 "사장님은 참 인복이 많아요. 우리 가게는 직원 구하기가 하늘의 별 따기인데, 어쩜 그렇게 일 잘하는 직원들을 뽑나요?" 하고 다들 부러워했다. 물론 개중에는 무단결근과 서툰 업무 처리로 속 썩이는 직원도 있었지만 주인보다 일을 잘하는 직원 또한 항상 있었다. 나는 그런 직원들을 〈전설의 고향〉에나 나올 법한 '전설의 직원'이라 불렀다. 꽃을 잘 꽂는 '전설의 플로리스트', 배송을 잘하는 '전설의 기사', 전화 주문을 잘 받는 '전설의 목소리'라고 말이다.

어떤 직원은 얼굴은 그다지 예쁘지 않은데 목소리가 매우 예뻐서 전화 상담을 하는 고객 중에 '목소리 미인' 직원을 찾아오겠다는 사람도 있었다. 어버이날 행사로 밤을 지새운 전설적인 여직원과 아르바이트생들을 집까지 데려다주는 전설적인 기사들도 있었는데, 그 중에는 예쁜 여직원과 결혼에 골인해 아들딸 낳아 잘살고 있는 사람도 있다.

이런 직원들이 있었기에 매장에는 항상 활기가 넘쳤고 가끔 버럭 하는 남편이 있어 심심할 겨를도 없이 하루하루를 긴장감 속에서 보냈다. 많은 직원들이 거쳐갔지만 유독 기억에 남는 몇몇은 주인보다 더 일을 잘하는 직원들이다. 절대적인 존재감을 자랑하며 〈전설의 고향〉에 나올 법한 귀신같이 일 잘하는 직원들의 공통점은 다음과 같았다.

첫째, 주인보다 일을 더 잘한다.

둘째, 정직하고 성실하다.

셋째, 목소리가 좋으며 언제나 상냥하다.

넷째, 시키지 않은 일도 찾아서 한다.

다섯째, 융통성 있게 일을 처리한다.

여섯째, 분위기를 띄우는 역할을 한다.

일곱째, 컴플레인 고객을 충성 고객으로 만든다.

여덟째, 인내심이 강하고 언제나 긍정적이다.

어느 해 12월이었다. 유독 이마트 꽃 매장에서 크리스마스트리 상품이 불티나게 팔린 해였다. 3평의 작은 매장에서 12월 한 달 동안 4천만 원의 매출을 올렸다. 핸드메이드표 크리스마스트리가 대박을 터뜨린 것이다. 보통 꽃집에서는 장식이 없는 트리를 팔았는데, 우리 매장에서는 트리에 직접 핸드메이드 장식을 하고 전구를 달아서 예쁘게 장식된 트리를 팔았다. 고객이 사가지고 가서 코드를 꽂기만 하면 전구에 불이 들어오도록 한 것이다.

크리스마스가 되면 보통 사람들은 트리를 사서 아이들과 전구를 달아 장식하고 반짝이는 트리를 보며 기뻐한다. 그런데 요즈음은 대부분의 가정에서 맞벌이를 하기 때문에 트리를 장식할 시간이 부족하다. 아이들이 있어서 크리스마스 장식을 안 할 수도 없고 바쁘다 보니 결국 준비를 제대로 못하는 경우가 생기는 것이다. 그런 사람들에게 완벽하게 장식된 트리는 희소식이었다.

핸드메이드 장식을 한 트리는 원재료 가격에 부가가치를 더해서 5만 원부터 50만 원까지 가격을 책정했다. 장식이 없는 트리 가격에 비하면 높은 가격인데도 불티나게 팔려나갔다.

리본과 방울이 달린 트리 장식이 예뻐서 직접 만들어보고 싶다는 고객들에게는 장식하는 방법을 가르쳐주고 재료와 리본을 판매했다. 이런 재료들만 별도로 구매하는 고객도 많았다. 사람들이 많이 왕래하는 곳에 전시된 트리를 보고 호텔이나 레스토랑 등에서 매장 디스플레이를 요청하는 주문도 쇄도했다.

'핸드메이드로 장식해서 판다.'라는 아이디어 하나로 상품의 부가가치를 높이고 부자재도 함께 팔며 트리 장식을 해주는 출장 주문까지, 일석삼조의 효과를 가져온 것이다. 아이디어가 더해져서 황금나무가 되었다고 할 수 있다.

처음 조천에서 꽃집을 시작할 때, 우리 부부가 아무리 바쁘게 일을 해도 월 600만 원의 매출을 넘기기 힘들었다. 그런데 한 달에 4천만 원의 매출을 올리자, 전국 이마트 화훼 담당 협력업체 본사인 B업체에서 연락이 왔다.

"아니, 제주점 꽃 매장에서는 도대체 무엇을 팔길래 전국 최고의 매출을 올리시나요?"

본사에서 관심을 갖지 않았던 제주점에서 갑자기 매출이 많이 오르자 사장님이 직접 시찰을 나왔다. 우리가 인수받기 전 매장은 월 평균 200만~300만 원 정도의 매출을 기록하고 있었다. 그런데 우리가 맡고 나서 월 매출 1천만 원을 훌쩍 넘어서더니 급기야는 12월 한 달 매출이 4천만 원에 이른 것이다.

특히 리본 접는 법을 그 자리에서 바로 가르쳐주면서 판매했는데, 고객들의 반응이 좋아서 갑자기 꽃 가게가 리본 가게로 바뀐 것 같은 상황이 연출되기도 했다. 리본 판매에서 힌트를 얻어 크리스마스 시즌이 지나서는 '주름지꽃' 만드는 법을 가르쳐주고 주름지를 팔기도 했다. 이를 계기로 제주도에서는 최초로 신세계

문화센터에서 주름지꽃 강사로 강의를 하기도 했다.

고객들의 니즈를 파악하고 그때마다 공략한 틈새시장이 맞아 떨어진 덕분이다. 그러나 다음 해가 되자 발 빠른 대형마트 바이어들이 중국에서 완제품 트리 제품을 수입해 저렴하게 팔았다. 아쉽게도 블루오션이었던 핸드메이드 트리 시장이 레드오션으로 바뀌게 되었다.

"흐름을 거스르지 않고 타는 사람은 다양한 기회를 얻게 된다." 라고 월러스 워틀스는 그의 책 『부의 비밀』에서 말한다. 돈을 버는 방법은 시대와 국가에 따라 다르지만 가격과 임금, 기술, 가치 등에 따라 흐름을 타고 포지션을 바꿔가면서 사업을 해야 한다는 것을 알았다. 이마트에서 소매로 매출을 올렸지만 다음 해부터는 다른 포지션으로 바꿔야 한다는 것을 깨닫게 된 것이다.

그해 12월까지 정산을 하고, 있는 돈을 다 모아보니 2천만 원의 현찰이 우리 손에 쥐어졌다. 제주에 와서 처음으로 만져보는 엄청난 액수였다. 갑자기 현금이 많이 생기자 우리 부부는 행복한 고민을 하기 시작했다.

"2천만 원을 가지고 뭘 해야 하지? 빚을 갚아야 하나?"

"차라리 2천만 원으로 제주시에 땅을 사자!"

우리는 그 돈으로 제주시에 땅을 사기로 결정했다.

정말 필요한 것은
자본이 아니고 신념이다

한 푼도 없이 땅을 살 수 있다? 해보기나 했어?

마음속에 뿌린 생각의 씨앗은 뿌리를 내리고
곧 행동이라는 꽃을 피우며
기회와 상황이라는 열매를 맺는다.

제임스 알렌

"우리도 땅을 사야 하는데, 신시가지에 땅 보러 가자!"
"네? 땅이라고요? 아니, 돈도 없는데 무슨 땅을 보러 가요!"

　제주시에는 구제주와 신제주가 있다. 구제주는 오래전에 조성
된 도시를 말하고 신제주는 나중에 새로 생긴 신시가지를 말한
다. 공항에서 5분 거리에 신제주가 있다. 1998년 신제주인 노형
동에 신시가지 조성 계획이 발표되면서 제주시에서는 땅을 평당
200만 원에서 300만 원 사이에 분양했다.

3년 전 어느 날, 남편이 갑자기 땅을 보러 가자고 했다. 어이가 없었지만 무작정 따라나섰다. 허허벌판인 노형동에 신시가지가 들어서면 땅값이 엄청 오를 것이란 생각이 들었지만 그림의 떡이었다. 분양 사무소에 들러서 시세를 알아보고 상담도 받았다. 도로계획서를 살펴보면서 '이 땅을 살 수만 있다면 얼마나 좋을까?' 하고 생각했다. 좋은 땅들이 정말 많았지만 우리에게 땅을 살 만한 돈은 없었다. 그 넓은 땅을 밟으면서 다리가 아플 때까지 돌아다니다가 그냥 돌아왔다. 그때 평당 200만 원 했던 신시가지의 땅은 현재 1천만 원을 호가하고 있다.

그런데 그 후로부터 3년이 지난 지금, 크리스마스트리 등의 판매로 2천만 원의 현금이 들어왔다. 남편은 그 돈으로 땅을 사자고 했다. '2천만 원 가지고 땅을 살 수 있을까?'라는 생각이 들었지만 남편과 함께 땅을 알아보기 시작했다.

공항 근처에 100평의 땅이 나왔다. 평당 250만 원으로 전부해서 2억 5천만 원이다. 무슨 땅값이 이리도 비싼지, 값도 값이지만 마음에 드는 것도 아니었다. 며칠 후 남편은 공항에서 가깝고 평수도 적당하니 주인하고 흥정을 해보겠다고 했다. 그런데 주인은 마음이 변했는지 전화도 받지 않고 연락이 두절되었다.

하는 수 없이 다른 땅을 알아보았다. 이번에는 우리 가게 바로 근처 큰 도로변의 75평 부지가 나왔다. 가게와 가깝고 위치도 괜찮았다. 마음에 쏙 들었지만 가격이 문제였다. 2천만 원을 가지고 평당 300만 원이라는 땅을 어떻게 사야 할지 막막했다. 그럼에도 그 땅을 꼭 사고 싶다는 마음이 들었고, 밤마다 남편과 함께 그곳의 땅을 밟고 돌아다니면서 골똘히 생각에 잠겼다.

우리의 소원이 하늘에 닿았는지 은행 대출이 순조롭게 이루어졌고 땅 주인과 만나게 되었다. 땅값의 일부는 친정 엄마가 아는 분을 통해 빌려주었고, 모자란 돈은 카드 대출을 받았다. 이자가 비싼 카드 대출까지 받으면서 땅을 사는 것이 조금 내키지 않았지만 장사가 잘되어서 갚을 수 있을 것이라는 자신감이 있었다. 결국 2천만 원으로 75평 땅을 극적으로 매입하게 되었다.

"모든 일의 성패는 그 일을 하는 사람의 사고와 자세에 달려 있다."

국내 최대 기업인 현대그룹의 창업주 정주영 회장의 말이다. 그에게는 '무에서 유를 창조해내는 강인한 추진력의 소유자'란 수식어가 늘 따라다닌다. 누구보다 큰 성공을 이루었지만 그의 인생이 처음부터 화려했던 것은 아니다. 정주영 회장은 중학교도 가지 못할 정도로 가난한 농부의 집안에서 태어났다. 19살 때 객지로 나와 막노동을 시작한 그이기에 평소 근검절약하는 생활이 몸에 배었다. 추운 겨울에도 장작값을 아끼기 위해 저녁 한때만 불을 지폈고, 전차값 5전을 아끼기 위해 새벽 일찍 일어나 걸어서 출근을 했다. 구두가 닳는 것을 방지하기 위해 굽에 징을 박아서 신고 다니기도 했고, 겨울에는 봄여름에 입는 옷을 양복 안에 내의로 입고 지냈다. 그는 온갖 고생을 이겨낸 뒤 마침내 한국을 대표하는 '현대'라는 기업을 세웠고, 현대는 세계적인 기업이 되었다.

사람들은 그가 해낸 일을 가리켜 기적이라고 말하지만 그것은 기적이라고만 할 수 없다. 그는 평생 동안 할 수 없다는 생각을 하지 않았고 자신의 생각을 행동으로 옮겼다. 직원들이 "회장님, 그건 도저히 불가능합니다."라고 말하면 오히려 "해보기나 했어?"라고 물었다. 결국 시도도 해보지 않고 포기했던 직원들은 그에게 다시는 "불가능하다."라는 말을 꺼내지 않았다. 그가 항상 했던 "해보기나 했어?" "왜 해보지도 않고 처음부터 안 된다고 하나!"라는 말은 바로 정주영을 최고의 기업가로 만들었다.

"내가 할 수 있을까? 난 절대 할 수 없을 거야." 이렇게 말하는 사람들이 있다. 이런 사람들은 자신에게 엄청난 가능성이 숨어 있다는 것을 알지 못하고 있다. 누구나 마음속에 보석을 가지고 있다. 그것은 신이 누구에게나 부여해준 재능이며 능력이다. 해야겠다는 끓어오르는 열정이 있다면 당신 안에 재능과 능력이라는 원석이 숨어 있다는 증거다. 가슴속에 가지고 있는 원석을 꺼내어 갈고 닦으면 보석이 된다. '할 수 없다.'라고 생각하면 정말 할 수 없다. 반대로 '할 수 있다.'라고 생각하면 불가능한 일조차도 가능해진다.

고작 25cm밖에 안 되는 작은 체구로 1주일에 1,600km를 날

아다니는 곤충이 바로 호박벌이다. 몸은 크고 뚱뚱한 데 비해 날개는 형편없이 작고 가벼워서 과학적으로 날기는커녕 떠 있는 것 자체가 불가능하다고 한다. 그런데 어떻게 호박벌은 그 엄청난 거리를 날아다닐 수 있을까?

그것은 자신의 몸이 날 수 없는 구조라는 사실을 모른 채 오로지 꿀을 모으겠다는 일념으로 날기를 작정하고 하늘에 떠 있는 것이다. 호박벌은 자신이 날 수 있는지 없는지는 전혀 관심이 없다. 그저 꿀을 따야 한다는 목표에만 몰입한 결과 불가능한 일을 가능하게 만든 것이다.

호박벌 이야기는 '명확한 목표'가 있고 그것을 이룰 수 있다는 '긍정적인 신념'이 있다면 불가능한 일도 얼마든지 가능한 일로 바꿀 수 있다는 것을 보여준다. 호박벌도 뚜렷한 목표를 가지고 원하는 것을 이루며 살아간다. 하물며 만물의 영장인 사람이 못 할 것이 무엇이겠는가?

가질 수 없을 거라고 생각했던 땅을 구입하고 나자 우리의 자산은 5년 만에 족히 3억은 되는 것 같았다. 부채가 포함되었다 하더라도 300만 원으로 시작한 것을 생각하면 실로 놀라운 일이다. 안 된다는 생각이 들 때마다 '포기'라는 단어 대신 정주영 회장과 호박벌 이야기를 떠올려보자.

"해보기나 했어?"

"왜 해보지도 않고 처음부터 안 된다고 하나!"

당대 1인자에게서 배운다,
그리고 넘어선다

'플라워몰' 브랜드 가치 10억 원? 팩스 입구를 막아라!

> 승자와 패자를 나누는 단 한 가지는
> 승자는 실행하는 사람이라는 점이다.
>
> **앤서니 로빈스**

"휴대전화에서 울리는 메시지가 무엇을 알리는 건지 아세요?"

"글쎄요, 메시지가 많이 오나 보죠?"

"꽃배달 주문이 들어왔다는 메시지예요. 이 소리만 들으면 기분이 좋죠."

창원에 있는 P플라워 사장님과 협회 하계수련회를 마치고 식사를 하게 되었다. 식사중에 사장님의 휴대전화에서는 메시지를 알리는 소리가 계속해서 울렸다. 그것은 홈페이지로 주문이 들어올 때마다 알려주는 메시지였다. 수시로 들어오는 메시지를 확인하는 P플라워 사장님의 얼굴에 환한 미소가 떠나질 않았다.

남편은 제주로 내려오자마자 바로 홈페이지를 새롭게 단장하고 온라인 마케팅에 온정신을 쏟았다. 그러고 나서 얼마 지나지 않아 남편의 휴대전화에도 주문을 알리는 메시지가 들어오기 시작했다. 나중에는 밤이고 낮이고 24시간 메시지가 들어와서 잠을 설칠 지경이었다.

"밤에는 자야 하니까 메시지를 무음으로 해봐요."

"주문 들어오는 이 소리가 얼마나 기분 좋은데 그래."

내가 메시지 울리는 소리 때문에 잠을 못 자겠다고 툴툴거렸지만 남편은 그 소리가 무척 좋다고 했다. 언제부터인가 남편은 잠을 자지 않는 것 같았다. 밤 11시에 자면 새벽 1시 30분경에 일어나서 일을 하다가 4시경에 잠깐 눈을 붙인다. 마치 초인처럼 하루에 3~4시간 정도 자고 업무를 보더니 급기야는 24시간 잠도 안 자고 컴퓨터 앞에 앉아서 홈페이지를 관리했다. 인터넷으로 들어오는 주문은 얼마 지나지 않아 전화 주문보다 많아졌고, 결국에는 주문의 80% 이상이 홈페이지로 들어오게 되었다.

성공은 쉽게 만족하지 않고 적극적인 마음으로 계속 전진해야 찾아온다. 그것은 노력의 산물이며 절대 저절로 찾아오지 않는다. 머뭇거리지 않고 행동하면서 목표를 향해 달려가는 사람이 마침내 성공을 이루어내는 것이다.

"'플라워몰'이란 상호는 인터넷 꽃배달 업계 최고의 상호입니다. 플라워몰의 브랜드 가치는 10억 원이 넘을 겁니다." 몇 년 전 소상공인진흥원에서 특강을 했던 한 경영지도사가 플라워몰에 대해 한 말이다. 현재 플라워몰은 인터넷 꽃배달 업계에서 자타가 공인하는 최고의 브랜드가 되었다.

플라워몰이라는 상호를 만들게 된 배경은 이렇다. 2000년부터 인터넷 주문이 활발해지기 시작했는데, '제주꽃배달전문점'이란 상호는 지역적인 한계가 있었다. 전국을 대상으로 마케팅할 새로운 상호가 필요했다.

'몰mall'은 쇼핑몰, 쇼핑센터 등의 뜻으로 '번화가에 상점들이 일렬로 늘어서 있는 곳'이란 사전적 의미가 있다. 인터넷이 활성화된 나라의 누리꾼들에게는 '몰'이 매우 친숙한 단어라는 것을 전문가들에게 듣게 되었다. 여기에서 힌트를 얻어 우리는 '플라워몰'이란 상호를 만들었다. 그때만 해도 '몰'이라는 개념이 생소할 때였다.

제주에서 몰(물)은 말馬을 의미한다. "안녕하세요, 플라워몰mall 입니다." 하고 전화를 받으면, "네? 플라워말馬이라고요?" 하고 되묻기도 했다.

만들어놓고 보니 인터넷 쇼핑몰로서 플라워몰은 업계에서는 100만 불짜리 브랜드였다. '삼성몰' '현대몰' '엘지몰' 등 줄줄이 '몰'이란 단어를 넣은 대기업의 인터넷 쇼핑몰이 등장하기 시작하면서 플라워몰의 인지도가 한층 더 높아졌다.

인터넷 마케팅은 시간과 공간을 초월해 24시간 영업을 할 수 있다는 장점이 있다. 제주에서 꽃배달 사업을 하고 있는 플라워몰이 지역적 한계를 극복하고 전국적으로 마케팅을 할 수 있었던 것은 바로 인터넷이란 매체의 장점을 활용했기 때문이다.

게다가 우리나라는 IT 최강국으로 최단 시간에 전국에 인터넷 인프라를 구축했고, 전국 어디서나 빠른 속도로 인터넷 사용이 가능하다. 인터넷 사용 인구가 기하급수적으로 늘어난 2000년대에 들어서면서 플라워몰은 전국을 대상으로 본격적인 인터넷 마케팅을 시작했다.

플라워몰을 도메인으로 등록하고 홈페이지를 단장하면서 인터넷 광고도 했다. 2000년도 우리나라 인터넷 광고의 활용 가치는 전년 대비 370억에서 930억으로 251% 증가했고, 해마다 인터넷 사용 인구는 폭발적으로 늘어나고 있었다. 광고 효과도 그에 비례했다.

처음 시작한 인터넷 광고는 다음Duam에 매월 일정액의 광고비를 지불하는 CPM Cost Per Mill 방식의 '스폰서링크' 광고였다. '꽃배달'이라는 키워드를 검색하면 상위에 고정적으로 네 번째 자리에 플라워몰 홈페이지가 링크되었다. 그 당시 광고비는 월 평균 500만 원 정도였다. 처음에는 광고비가 비싸다고 생각했으나 광고가 게재되자 반응이 폭발적이었다. 전화통은 불이 날 정도였고 팩스에서는 주문서가 끊임없이 나왔다.

"사장님, 팩스에서 주문서가 그만 나오도록 막아야겠어요. 주문서가 너무 밀려서 도저히 업무처리가 안 돼요."

여러 대의 팩스에서 밀려오는 주문서를 처리하지 못해 업무에 과부하가 걸릴 때마다 직원들이 쩔쩔맸다.

그런데 몇 년 후에 미국의 '오버추어'라는 광고대행사가 들어오면서 클릭당 광고비를 지불하는 CPC Cost Per Click 방식으로 대부분 바뀌었다. 광고비 지불 형태가 바뀌면서 광고 비용은 무려 10배 이상 올랐고, 인터넷 광고 시장은 전쟁터를 방불케 하는 레드오션으로 바뀌었다.

천혜의 자연환경을 갖춘 제주도에 살면서도 인터넷으로 전국의 고객들을 만나고 소통한다는 것은 전통적인 경영환경에서는 상상할 수 없는 일이었다. '책상마다, 집집마다 한 대씩 놓인 컴퓨터'라는 빌 게이츠의 목표는 현실이 되었다. 우리나라에서도 집집마다 책상 위에 컴퓨터가 놓이게 되었고, 세계 어디서나 인터넷으로 사업을 할 수 있는 환경이 되었다.

인터넷으로 소통을 하는 시대에 인터넷 마케팅은 사업의 필수 과목이다. 빌 게이츠가 꿈을 이룬 덕분에 플라워몰은 제주를 본점으로 해 전국 꽃배달 마케팅의 꿈을 이룰 수 있게 된 것이다.

얼어죽은
개구리의 교훈

검찰청이라고요? '영장실질심사'

> '인동초'가 겨울을 버티는 것은
> 봄이 온다는 믿음 때문 아니겠는가.
>
> 김대중

"서울중앙지방 검찰청입니다. 구속영장이 청구되었으니 영장실질심사를 받으러 모레 아침 10시까지 서울중앙지검으로 나오십시오."

"네? 검찰청이라고요?"

어느 날 아침 검찰청에서 전화가 왔다. 인터넷 광고 해킹 사건으로 참고인 조사를 받은 지 며칠 지나지 않아서였다. 남편은 얼굴빛이 하얗게 질리더니 한동안 말이 없었다. 마른하늘에 날벼락이었다. 인터넷 광고 해킹 사건으로 업계에서는 가장 많은 피해를 본 게 플라워몰이었다. 부정 클릭이 많아져 지불해야 할 광고비가 많아졌기 때문이다. 그런데 구속영장이 청구되다니. 이것은 시련의 시작이었고 하늘이 무너지는 일이었다.

남편은 서초동에 있는 중앙지방법원으로 가기 위해 아침 일찍 비행기를 탔다. "별일 없을 거야."라고 말했지만 마음은 심란했다. 법원에는 지난번에 참고인 조사를 함께 받았던 O업체의 사장님도 와 있었다. 모두가 밤새 잠을 못 이룬 듯 얼굴이 부석부석했다. 판사의 질문과 심사가 끝난 뒤에 남편은 최후 진술에서 이렇게 말했다.

"해커의 공격을 받은 피해자가 오히려 피의자로 누명을 쓰다니, 검찰이 잘못 조사한 겁니다. 억울합니다."

함께 심사를 받은 사람들과 경찰서 유치장으로 향했다. 유치장으로 들어갈 때는 반지와 시계 등의 소지품과 허리띠를 모두 풀어놓아야 했다. 구속되면 감옥에 간다는 공포감을 견디지 못하고 자해를 하거나 자살 시도를 하는 경우가 간혹 있어 이를 방지하는 차원에서였다.

유치장 안에 있는 사람들은 '구속되어 감옥으로 가느냐, 풀려나느냐.' 하는 기로에 서서 초조하게 기다려야 했다. 점심과 저녁 시간에 식사가 제공되었지만 남편은 참혹하게 무너진 가슴이 답답해 도저히 밥을 먹을 수가 없었다. 그런데 다른 사람들은 밥을 잘도 먹는다. 금강산도 식후경이라며 말이다. 잠시 후에 스님이 유치장 안으로 들어와 떡과 과일을 주고 가면서 위로의 말을 건네는데 귀에 들어오지도 않았다. 만약에 정말 운이 없어서 구속되기라도 한다면 어떻게 할 것인가.

생각만 해도 정신이 아찔해 고개가 절레절레 흔들어진다. 만일 구속된다면 사건에 관련된 피해자들은 피의자로 지목된 사람의 모든 재산을 가압류할 것이고, 사업체가 무너지는 것도 한순간일 것이다. 그동안 애써 쌓아온 인생이 산산이 조각나고 마는 것이다. 남편은 차가운 유치장 바닥에 웅크리고 엎드려 답답한 가슴을 쥐어뜯고 있었다. 담벼락 위를 아슬아슬하게 걸어가는 것처럼 마음이 타들어가기만 했다. 정말이지 그 순간은 인생에서 다시는 겪고 싶지 않은 순간이었다.

'나락으로 떨어질 것인가, 무난히 내려올 것인가.' 교도관이 결과를 가지고 와서 이름을 호명하는 사람은 유치장에서 풀려나는 것이고, 호명되지 않은 사람은 교도소로 가는 것이다. 밤이 늦도록 결과를 초조하게 기다리고 있었다. 시곗바늘은 밤 11시 55분을 가리키고 있었다. 드디어 교도관이 왔다.

"이광직! 김길동! 나오세요."
다행히도 남편은 김길동 사장님과 함께 풀려났고, 부정 클릭과 관련된 S업체의 사장 등은 구속이 되었다. 기진맥진해 유치장 밖으로 나왔다. 좀처럼 영하로 떨어지지 않는 제주의 겨울과는 다르게 12월의 서울은 영하 11℃의 혹독한 추위 속에서 매서운 겨울바람이 쌩쌩 불고 있었다. 천신만고 끝에 풀려난 두 사람은 안도의 한숨을 쉬었다. 그리고 밖에서 결과를 기다리고 있던 지인들과 밤새 술을 마시면서 그날의 회포를 풀었다.

인터넷 광고를 하면서 피해를 본 업체들이 오히려 해커라는 누명을 쓰고 부정 클릭 사건에 연루되었다. 영장실질심사 후 구속되지는 않았지만 그 후로도 2년여 동안 재판을 받으면서 법원을 들락거려야 하는 힘든 시절을 견뎌야 했다. 변호사 수임 비용만 수천만 원이 들어갔고, 정신적인 충격은 돈으로 헤아릴 수 없었다.

수년 동안 숨이 막히고 목이 타들어가는 날들이 이어졌다. '불의 시련'이라고 느낄 만큼 힘들었던 이 경험을 통해, 치열한 인터넷 광고 시장은 기회와 함께 위험이 도사리고 있다는 것을 깨달았다. 부정 클릭 사건이 마무리되면서 경쟁이 치열했던 꽃배달업계의 춘추전국시대도 끝나가고 있었다.

마크 트웨인의 소설에 나오는 개구리는 난로 바로 옆에서 얼어 죽는다. 이 개구리는 뜨거운 난로 위에 앉았다가 혼이 난 뒤로 절대 난로에 가까이 가지 않았고, 결국 난로가 멀지 않은 곳에 있었는데도 얼어 죽었다.

민형사 사건에 연루된 이 경험은 많은 것을 포기하고 싶게 했다. 그러나 우리는 얼어 죽은 개구리가 되지 않기 위해 이번 실패의 경험에서 지나치게 많은 것은 배우지 않기로 했다.

극도로 어려운 시련에 마주치면 생각나는 사람이 있다. 바로 김대중 전 대통령이다. 지금은 고인이 되셨지만 그분의 시련은 우리에게 많은 교훈을 준다. 다음은 『김대중 자서전』에 나오는 내용이다.

"사람들은 나를 인동초라 불렀다. 인동초는 가을에 익은 열매가 겨울 눈 속에서 더욱 붉었다. 인동초가 겨울을 버티는 것은 봄이 온다는 믿음 때문이 아니겠는가. 그러나 그 모습은 왠지 슬프다. 처연한 아름다움. 인동초에는 눈물이 들어 있었다. 겨울이 혹독한 만큼 우리의 봄날은 아름다워야 했다."

인동초의 꽃말은 '헌신적인 사랑' '사랑의 인연'이다. 또한 인동초는 김대중 전 대통령의 별명이기도 하다. 겨울의 추위처럼 어렵고 힘든 일을 당해도 시들지 않아서 붙어진 별명일 것이다. 인동초를 금은화라고도 부르는데, 금은화에는 슬픈 전설이 숨어 있다.

옛날에 자식이 없는 부부가 살았는데 열심히 기도해 쌍둥이 자매, 금화와 은화를 얻었다. 사이가 좋은 자매는 한날한시에 죽자고 맹세했다. 16살이 되자 혼처가 심심찮게 들어왔지만 시집을 가면 서로 헤어질 것이 두려워 들어오는 혼처마다 거절했다.

그러다가 언니 금화가 병에 걸렸다. 지극정성으로 간호하던 동생 은화에게도 병이 전염되어 둘은 소원대로 한날한시에 함께 죽었다. 죽으면서 "우리가 죽으면 반드시 약초가 되어 우리처럼 죽는 일들이 없게 하겠어요."라고 말했다. 이듬해 자매의 무덤가에 흰 꽃과 노란 꽃이 피었는데, 이는 병을 치료할 수 있는 유용한 약초였다. 사람들은 이 꽃을 '금은화'라고 불렀다.

대통령이 되기까지 수차례 죽을 고비와 시련을 견디면서 민주화를 위해 평생을 바친 김대중 전 대통령이 이 꽃을 좋아한 이유를 알 것 같다. 바로 그가 국민에게는 금은화 같은 대통령이었다.

모든 것이 힘들다고 느껴질 때, 단 1분도 견딜 수 없을 것 같을 때, 그때야말로 포기해서는 안 되는 시점이다. 그 시기를 벗어나면 상황은 다시 바뀌기 시작한다. 성공은 바로 그 너머에서 우리를 기다리고 있다.

죽을 만큼 힘들다고 느낄 때 힘을 내어 조금만 더 가보자. 새벽이 오기 직전이 가장 어두운 법이다. 떠오르는 태양이 우리를 기다리고 있다. 그러니 지금 힘이 들더라도 조금만 더 인내해보라. 바로 앞에 있는 1m의 고지를 앞두고 포기하는 우愚를 결코 범하지 말자!

시장은 인터넷 광고에
홀려 있다

오버추어 전쟁! 무모한 도전인가, 과감한 투자인가?

<blockquote>
위대한 성과는
힘이 아닌 인내의 산물이다.

새뮤얼 존슨
</blockquote>

거액의 인터넷 광고비 부담을 안고도 광고를 계속하는 이유는
온라인 시장을 통하지 않고는 매출 성장을 기대하기가 어려웠기
때문이다. 플라워몰의 인터넷 광고비는 하루에 300만~400만 원
정도였고, 한 달이면 1억 원 이상 소요되기도 했다.

2000년대 시장은 인터넷 광고에 홀려 있었다. 너 나 할 것 없
이 인터넷 광고 시장에 뛰어들었고, 과열 경쟁으로 많은 업체들
의 피해가 속출했다. 이로 인해 꽃배달 업계는 춘추전국시대를
맞이하게 되었다.

초기에 광고를 시작한 업체들은 나름대로 노하우를 가지고 전쟁터 같은 광고 시장에서 버틸 수 있었지만, 새로 진입하는 업체들은 피를 흘리고 쓰러지는 병사들처럼 처참히 손해를 입고 물러나야 했다. 이 과정에서 많은 업체들이 적게는 수천만 원, 많게는 수억 원의 손실을 입으면서 힘겹게 버티고 있었다.

광고 노출을 기준으로, 광고비를 월 고정액으로 책정하는 CPM 방식을 채택해온 포털사이트 다음은 인터넷 광고 시장에서 격변기를 맞이했다. 2007년 1월부터 구글 애드워즈^{Google Inside Adwords}와 제휴하면서 클릭당 광고비를 지불하는 형태인 CPC 방식으로 바꾼 것이다.

키워드를 검색했을 때 포털사이트 상단에 노출되는 스폰서링크에서 CPC 방식으로 바뀌면서 월 고정액으로 나가던 광고비가 무려 10배나 상승했다. 월 500만 원 지급하던 것을 월 5천만 원을 지급하게 된 것이다.

광고비 지불은 선불로 입금하거나 카드로 결제한 후 광고가 게재되고 실시간 입찰제로 24시간 운영되었다. 인터넷 상에 노출된 업체보다 높은 금액으로 입찰하면 하위 업체는 노출에서 바로 사라지거나 노출이 되더라도 더 많은 비용을 지불해야 하는 방식이다.

노출된 업체가 지불할 광고비는 바로 하위 업체가 책정한 입찰가보다 10원을 더한 금액으로 클릭당 지불되는 방식이기 때문

이다. 예를 들면 스폰서링크 광고 상단부터 입찰 금액과 지불할
금액은 아래와 같다.

입찰 금액		지불할 금액
1위 노출: 5,000원	→	5,000원
2위 노출: 4,990원	→	3,010원
3위 노출: 3,000원	→	2,010원
4위 노출: 2,000원	→	1,010원
5위 노출: 1,000원	→	?

5위는 6위 업체가 입찰한 금액보다 10원 많은 금액을 지불하
게 된다. 이를 자세히 살펴보면 2위 업체가 2위 자리를 유지하면
서 1위 업체에게 높은 광고비를 물리려고 고의로 4,990원을 입
찰한 것을 알 수 있다. 즉 하위 업체가 순위가 바뀌지 않는 범위
에서 가장 높은 가격에 입찰하는 것이다. 또한 입찰 시간은 거의
초 단위로 진행되기 때문에 조금만 방심해도 순위가 바뀌면서
바로 높은 가격의 광고비가 발생할 수 있다.
　이런 과정에서 '부정 클릭'이라는 문제점이 발생한다. 부정 클
릭이란 주문할 의도가 없으면서 포털사이트 상단에 노출된 업체
를 클릭해 광고비가 많이 나가도록 만드는 것이다. 부정 클릭을
하면 해당 업체에서는 주문은 받지 못하고 광고비만 손해를 보

게 된다. 한두 건일 경우에는 피해가 미미하지만 수십 건에서 수백 건이 발생한다면 지불해야 할 광고비가 적게는 수십만 원에서 많게는 수백만 원에 이르는 것이다.

쇼핑을 하는 대부분의 고객은 그러한 사실을 모르고 구매할 마음이 없어도 무심코 클릭을 하는 경우가 많다. 문제는 주문을 하지 않아도 한 번 클릭하면 무조건 광고비가 지출되는 것이다. 고객이 주문을 하기 위해 클릭했다면 상관없지만 고의로 한 부정 클릭의 경우 업체에 엄청난 손실을 가져다주기 때문에 영업 방해는 물론이고 범죄가 될 수 있다.

대부분의 포털사이트는 미국계 광고대행사인 오버추어코리아에 광고주 관리를 맡기고 있었다. 오버추어코리아의 '파나마'라는 새로운 광고비 책정 방식은 품질 지수를 포함해 순위를 책정한다는 모호한 순위 결정 방식으로 광고업계에 더욱 큰 혼란을 가져왔다.

2007년부터 2010년 사이 부정 클릭 문제는 최고조에 이르렀고 마침내 많은 업체들이 공정거래위원회와 온라인분쟁조정위원회 등에 문제점을 알리고 도움을 요청했다. 또한 검찰에 진정서 제출과 함께 부정 클릭에 대한 수사를 의뢰하기도 했다.

그러나 이러한 조치들은 달걀로 바위 치기와 같았다. 민사재판을 통해 손해배상을 청구하는 경우도 있었지만 대기업을 상대로 한 재판은 오히려 손실과 좌절만 안겨주었다. IP 추적을 해서 부정 클릭의 근거지 주소를 알 수 있었지만 문제가 되는 주소지는 중국, 필리핀 등이었다. 심지어는 아프리카에서 클릭을 하는 경우도 있었다. 심각한 피해를 입은 일부 업체들이 오버추어코리아 임직원들과의 면담을 요청해 부정 클릭의 문제점을 지적하고 환급을 요청하기도 했다.

"부정 클릭에 대한 이익금의 일부는 오버추어에 어부지리로 돌아갑니다. 이것은 정당한 이익금이 아니므로 기업윤리에도 어긋납니다. 부정 클릭에 대한 명확한 필터링과 광고비 책정에 대한 데이터를 공개하시고 부당 이익금은 돌려주시기 바랍니다."

동종업계의 사장님들과 함께 항의한 결과 일정 기간 동안 광고비의 50% 정도를 환급받기도 했다. 그러나 이것은 피해 금액의 극히 일부였다. 많은 문제점을 안고 결국 오버추어코리아 한국지사는 2012년 철수하게 되었다.

오버추어코리아는 본사가 미국에 있다는 핑계로 끝내 부정 클릭에 대한 자료를 공개하지 않았다. 인터넷 광고와 관련된 일련의 과정에서 겪은 고통은 말로 다하기 힘들 정도다. 남편은 24시간 광고 금액 입찰을 위해 날마다 밤을 지새웠고 그 영향으로 불면증이 생겨 한동안 고생하기도 했다. 또한 오랜 기간 재판을 진행하느라 변호 비용 등을 비롯해 엄청난 손실을 입어야 했다.

인터넷 광고 시장은 부정 클릭을 일삼는 해커들과의 싸움으로, 보이지 않는 전쟁터였다. 총을 직접 들진 않았지만 해커들은 사정없이 총을 쏘고 있었다. 그들의 클릭은 권총으로 시작해 따발 총이 되었고 급기야는 핵과 같이 엄청난 폭격을 가하기도 했다. 그 파편으로 영장실질심사를 받게 되어 상위 업체들은 더욱 힘들었지만, 다행히도 검찰 수사에 의해 부정 클릭을 한 해커들이 구속되면서 사건이 일단락되었다.

수년 동안 끌어온 재판이 마무리되면서 플라워몰을 비롯해 억울했던 업체들은 혐의를 벗었지만 그로 인한 피해는 어디에서도 보상받을 수 없었다. 많은 업체들이 길고 힘든 시절을 보내야 했다. 인터넷 광고 시장에서의 부정 클릭 사건은 다시 기억하고 싶지 않은 쓸쓸한 사건으로 남았다.

오버추어코리아의 철수로 인터넷 광고 시장은 다소 안정되었다. 플라워몰은 다행히 고객을 유치하기 위한 투자를 오랫동안 계속해왔고 손익분기점을 넘어서게 되었다.

남편을 만나 꽃집을 시작한 것이 내 인생의 터닝 포인트였다면, 플라워몰이란 상호로 인터넷 광고를 시작한 것은 플라워몰에 대반전을 일으킨 '티핑포인트'였다. 티핑포인트는 임계점의 의미를 갖는다. 물은 100℃에 도달하지 못하면 결코 끓지 않는다. 100℃가 되는 지점이 임계점이자 바로 '빅뱅'이 일어나는 순간이다. 99℃와 100℃의 차이는 1℃ 차이지만, 1℃만큼 더 뜨거워지지 않으면 물은 영원히 끓지 못하는 것이다.

겨우 1℃ 때문에 끓지 못한다면 너무 억울하지 아니한가? 그러기에 아무리 힘들어도 중도에 포기하지 않고 끝까지 가야 하는 것이다. 물이 끓어 넘칠 때까지!

'다음'과 플라워몰의 본사는
제주에 있다

우리나라의 실리콘밸리는 제주다

사람들은 모두 같은 하늘 아래 살고 있는 것 같지만
바라보고 있는 지평선은 모두 다르다.

토머스 빌로드

2015년 〈한국일보〉 '대한민국 혁신기업대상'

2010년 한국소비문화학회 '뉴프런티어상'

2007년 한국인터넷전자상거래학회 '경영정보대상'

2006년 '꽃배달 검색 순위 전국 1위'(Fian)

2006년 '대한민국 Top 1000' 인증마크 획득(Fian)

그 외 『창업과 경영』(두남출판) 대학교과서 성공사례 수록, 『민생

경제 희망찾기 성공스토리』(제주발전연구원) 성공사례 수록 등

246

300만 원으로 시작한 플라워몰의 소자본 성공스토리가 책과 방송에 소개되고 각종 인증마크를 획득하며 수상을 하자 기업과 대학에서 특강 요청이 쇄도했다. 인터넷 광고를 하면서 많은 시련이 있었지만 덕분에 플라워몰 회원은 수십만 명이 되었다. 부정 클릭으로 인한 손실이 고객 확보에서 상쇄된 것이다.

주문이 늘어나면서 플라워몰은 전국 가맹점을 모집하기로 결정하고 모집 광고를 냈다. 광고를 낸 지 1년이 채 안 되어 전국에 500여 개의 가맹점이 개설되었다. 짧은 기간에 많은 가맹점을 모집한 것은 그동안 플라워몰의 브랜드 인지도가 쌓여 시너지 효과를 거둔 것이라 할 수 있다.

플라워몰을 시작할 때 본사가 제주에 있는 것은 지리적으로 장점이 될 수 없었다. 제주도 시골의 작은 꽃집 조천화원으로 시작한 플라워몰이 성공하고, 스토리가 되어 사람들에게 회자되기까지의 일은 결코 우연이 아니다. "플라워몰의 본사가 어디인가요?"라는 전화가 가끔 오곤 했다.

"네, 저희 플라워몰의 본사는 제주도입니다. 주문하시면 3시간 안에 전국으로 배송 가능합니다."

"네? 본사가 제주도라고요? 제주에서 어떻게 서울까지 배송을 합니까?"

당시만 해도 통신판매 중개에 대한 개념이 잘 알려지지 않아서 본사가 제주도에 있다는 말에 고객들은 주문을 망설였다. 전국 체인망을 통해 배송되는 것이라고 설명해서 주문을 받았지만 제주가 본점이라는 한계를 극복하기 위해서는 많은 노력을 해야 했다.

고민 끝에 서울에 사무실을 열기로 결정하고 진행했다. 하지만 인터넷으로 인프라가 구축되어 있는데, 굳이 서울 사무실을 운영하는 것은 효율적이지 않았다. 결국 6개월 만에 서울 사무소는 철수했고, 우리는 제주도에 본점을 두고 전국 꽃배달 마케팅에 다시 집중하기로 했다.

2004년 4월, 다음의 인터넷지능화연구소 핵심 연구원 16명이 제주도에 내려왔다. 실험 정신으로 제주에 안착한 이들이 씨앗이 되어 지금의 다음 본사는 아름다운 경관을 자랑하는 제주의 한 부분이 되었다. 제주로 본사를 이전하고 법인세 면제 및 감면 등의 많은 혜택을 받으면서 천혜의 자연환경에서 근무한다는 것은 직원들에게도 웰빙 생활을 할 수 있는 좋은 기회였다.

다음에 이어 많은 IT업체들이 제주로 이전해왔으며, 이전을 고려하고 있는 업체도 늘어나고 있다. 또한 다음은 제주대학교와의 산학협력을 통해 적극적으로 인재양성에도 주력하고 있다.

미국에 IT업체의 신화를 창조하고 있는 실리콘밸리가 있다면 대한민국 IT업체의 천국은 제주도다. 처음에 다음 직원들은 제주로 이전하면서 가족들이 잘 적응할 수 있을지 우려했다. 그러나 제주에서 근무하는 다음 직원들은 주말마다 텃밭을 가꾸는 전원생활을 하고 저렴한 가격으로 골프를 즐긴다. 또한 아이들은 자연과 친숙해져 창의적인 감성이 절로 발달한다. 아이들은 주말이면 아빠에게 묻는다.

"아빠, 오늘은 어디로 놀러가요?"

맑은 날에는 한라산 꼭대기가 보이고, 10분만 차를 타고 나가면 푸른 바다를 볼 수 있다. 제주에 거주하는 사람들이 누리는 최고의 호사는 바로 자연과 하나가 되어 여유롭고 건강하게 사는 것이다.

제주의 교육 환경에 대해 궁금해하는 사람들이 많은데, 단언컨대 제주의 교육 환경은 어느 도시의 학교보다 안전하며 쾌적하고 건강하다. 면학 분위기도 좋고 중학교까지는 학원 차량이 운행되어 30분 이내 거리에서 학원을 다닐 수 있다. 교육의 질은 높고 사교육비는 상대적으로 적게 든다.

대학은 서울·경기권이나 제주대학교에 진학하는 경우가 많다. 국립 제주대학교는 다른 국립대와 비교해 교육의 질이 결코 떨어지지 않는다. 등록금도 저렴하며 학생의 50% 이상이 장학금을 받고 다니고 있다. 해외 교환학생 프로그램도 다양해 본인이 노력하면 얼마든지 자기계발을 하면서 꿈을 이루어나갈 수 있다.

항상 바쁜 부모와 함께 사는 딸 서진이는 거의 방목하다시피

초등학교와 중학교를 다녔다. 특별히 지도를 하지 않았어도 특목고라 불리는 제주외국어고등학교 3학년에 재학중이다. 작년에는 자신의 버킷리스트를 담은 책『내 생애 꼭 해야 할 40가지』를 출간하기도 했다. 중학생 때는 유럽 7개국 배낭여행을 했고, NGO 발표 대회와 제주컨벤션센터에서 열린 아시아태평양 글로벌인재 포럼(2013), 제주유스포럼Jeju Youth Forum(2013) 패널, 제주포럼Jeju Forum(2014) 등에 참여하기도 했다. 세계 여행과 국제 포럼에 참여하면서 외국의 다양한 문화에 관심을 갖게 되었고, 문화예술경영 분야에서 기획 경영자의 꿈을 키우며 제주에서 발랄하게 자라고 있다.

성공한 사람들 중에는 유독 자연에서 나고 자란 사람들이 많다. 어머니의 품과 같은 따스한 자연과, 도전과 용기를 주는 바다가 있는 곳이 제주도다. 자연과 벗하면서 학교를 다니는 것은 또하나의 특혜인 셈이다.

사용자가 장소에 상관없이 자유롭게 네트워크에 접속할 수 있는 정보통신 환경이 지배하는 유비쿼터스 시대다. 꼭 도심에서 사업을 해야 한다는 사고는 구태의연하다. 다음 본사의 제주 이전은 임직원들의 근무 환경과 삶의 질을 높이면 생산성이 향상될 수 있다는 이유로 진행되었다. 이제는 시간적·공간적 제약을 벗어난 인터넷 환경이 지배하는 세상이 되었다. 인터넷 회사의 본사가 국내 어느 곳에 있건, 장소는 더이상 문제가 되지 않는 세상이다. 다음 본사가 제주도로 이전하면서 플라워몰의 본사도 제주에 있다는 것을 이제는 자연스럽게 말할 수 있게 되었다.

플라워몰을 운영하면서 아름다운 제주에 살 수 있다는 것에 감사하다. 서울이 고향인 우리 부부는 제주에 살면서 제주도민이 되었고 제주를 사랑하게 되었다. 아름다운 산과 푸른 바다가 있는 제주는 대한민국에서 웰빙과 힐링의 삶을 살 수 있는 최고의 섬이다.

간혹 서울에 가서 지하철을 타게 되면 숨이 막힐 때가 많다. 특히 러시아워에 인산인해를 이루는 지하철 안은 고통스럽기까지 하다. 서울에서 3일도 지나기 전에 제주의 맑은 공기가 그리워진다. 일정을 마치고 제주공항에 도착하면 공기부터가 상쾌하고 머리가 맑아진다. 이렇게 맑고 깨끗한 공기를 공짜로 마신다고 생각하니 더욱 기분이 좋다. 이젠 정말 제주 사람이 다 된 것 같다. 상쾌한 제주의 공기를 마실 때마다 '공기세'를 내야 하지 않을까 하는 생각까지 해본다.

제주 상륙 10년 만에
빌딩 짓기

10년이면 강산은 변하고 빌딩은 올라간다

> 당신이 할 일은 생각한 것을
> 즉시 실행에 옮기는 것이다.
> **이해원**

"플라워몰 5층 빌딩이야. 이제 빌딩을 지어야지!"

"빌딩을 짓는다고요? 은행 대출도 아직 그대로인데?"

어느 날 남편이 설계 사무소에 의뢰해 빌딩 조감도를 만들어 오더니 액자에 넣어 사무실 벽에 걸어놓으면서 말했다. 5층 빌딩의 조감도를 보자 완공된 빌딩의 모습이 생생하게 상상되었다. 보기만 해도 기분이 좋았다.

땅을 매입한 지 5년이 지났다. 장사는 잘되고 있었지만 이제 겨우 은행 대출을 제외한 돈과 카드빚을 갚은 상태였다. 현금을 최대한 모아보니 5천만 원이었다. 남편은 이 5천만 원을 가지고 빌딩을 짓겠다고 한다. 75평 부지에 55평짜리 5층 건물을 지을 경우 건축비를 평당 300만 원씩 계산해도 8억 원 이상이다. 그런데 어떻게 5천만 원을 가지고 건물을 짓는다고 하는지 어이가 없었지만, 밀어붙이는 남편의 성격을 알고 있기에 5천만 원으로 공사를 시작할 수 있는 건설회사를 알아보기 시작했다. 보통 건물을 지을 때 건설회사에서는 최소한 공사 대금의 10%를 계약금으로 요구한다. 그런데 한 건설회사에서 계약금 5천만 원으로 공사를 하겠다고 했다. 이것저것 따져본 뒤 그 회사와 5층 빌딩을 짓기로 계약해버렸다.

땅을 파고 공사가 진행되는 동안 남편은 날마다 현장에 가서 공사하는 것을 들여다보았다. 1층에는 주차 공간과 꽃집, 사무실이 자리 잡았다. 보통 천장은 2m 60cm 높이로 설계하는데, 키 큰 관엽식물들을 들여놓을 수 있도록 천장의 높이를 3m 10cm로 설계했다. 천장이 높아서 보기에도 시원하고 좋았다. 건설회사는 처음부터 우리가 사용할 1층 꽃집과 5층 집은 최대한 우리의 요구를 반영해 지어주기로 약속했다. 주거를 할 5층 실내 인테리어까지 처음 계약한 금액으로 추가 부담금 없이 해주기로 약속한 것이다.

우리의 요구 조건과 딱 맞는 건설업자를 만나는 것도 신기한 일이다. 건설회사 사장님도 계약금 5천만 원으로 10억 원 이상의 공사를 해본 적은 없었다고 했다. 그런데 플라워몰 빌딩 공사는 5천만 원을 받고 시작한 것이다.

일단 공사는 시작되었지만 중도금을 치르는 것이 문제였다. 건축 준공을 하고 나면 중도금을 지불하기로 했는데, 건설회사에서 준공 전에 일부 대금을 결제해달라고 요청해왔다. 회사에 자금이 부족해 하청업자들에게 결제를 해주지 않으면 공사가 중단될 상황이라고 했다. 생각지도 못한 공사 중단의 사태를 막기 위해 사방으로 알아보았지만, 수억 원이나 되는 돈을 준공도 하기 전에 은행에서 융통하기란 쉽지 않았다.

2차적인 방법으로 신용금고에서 대출을 받기로 했다. 신용금고는 은행보다 높은 금리로 돈을 대출해주는 제2금융권이었다. 이자가 높은 대신 제1금융권에 비해 대출이 쉽게 이루어졌다. 신용금고는 이때 처음 거래해보았는데, 만일의 경우 위험 부담이 크다는 것을 나중에야 알았다.

건물이 한 층씩 올라갈 때마다 기분이 좋아졌다. 마치 감독관이 된 것처럼 시간이 날 때마다 우리 부부는 현장에 가서 공사하는 사람들을 지켜보았다. 열심히 지켜본 덕분인지 1층에서 5층까지 순조롭게 공사가 진행되었다. 우리가 주거할 5층을 꾸미기 위해 모델하우스를 수시로 방문해 실내 구조와 인테리어를 참고하고 자료를 모았다. 건축 관련 잡지를 보면서 마음에 드는 부분을 참고해 우리만의 공간을 설계했다. 높은 우물천장으로 거실을 만들고, 주방은 거실과 바로 연결해서 실용적이면서 동선이 짧고 넓어 보이게 했다. 작은 방을 3개 만들고 거실과 이어지는 복도를 만들었다.

'창이 많은 집'이라는 주제로 시원하고 넓어 보이도록 설계를 했고, 월넛을 기본색으로 정해 바닥과 벽면에 사용했더니 고급스러운 느낌이 났다. 어디에서도 찾아볼 수 없는 시원한 디자인으로 드디어 우리만의 집이 탄생했다.

제주도에서는 보통 건물을 지을 때 풍수지리를 따져 거실과 주방을 멀리 떼어놓고 방의 위치도 방향을 고려해 설계한다. 그러나 우리는 애초에 실용적이고 개성 있는 구조로 설계했다. 그래서인지 지인들이 방문할 때마다 시원스럽고 이국적인 디자인이 멋지다고 말해주었다. 우스갯소리로 건물을 지으면 10년 늙는다는 말이 있는데, 나는 집을 짓는 과정에서 남편과 의견 조율을 하면서 그 말의 의미를 실감했다.

드디어 플라워몰 빌딩 준공을 앞두었다. 막상 준공 날짜가 다가오니 은행에서는 처음 약속했던 금액보다 턱없이 적은 금액을 대출해주겠다고 했다. 부족한 금액을 채우려고 다른 은행에도 알아보았는데 모두 헛일이었다. 은행 대출만으로는 잔금을 낼 수 없게 된 것이다.

그러다가 H통신 본부장으로 와 계신 친구 아버지가 어려운 일이 있으면 전화하라고 했던 것이 생각나서 바로 전화를 드렸다.

"혹시 은행권에 아는 분이 계신가요? 저희가 건물을 짓고 대출을 받으려고 하는데 금액이 턱없이 모자라서요."

"아, 그래? K은행 부행장이 내 조카인데, 내가 전화해놓을게. 나중에 전화해봐!"

K은행은 우리가 주로 거래하는 은행이었고, 앞서 대출이 안된다고 거절당한 은행이었다. 본부장님의 말을 믿고 당장 은행에 다시 알아보았다. 분명 대출을 거절했던 K은행이 이번에는 본부 승인절차를 거쳐서 우리가 원하는 금액을 대출해주었다. 하늘이 도운 것이다. 본부장님은 그 후로도 많은 부분을 도와주셨다. 지금 생각해도 고맙고 감사한 일이다.

우여곡절 끝에 무사히 준공을 마치고 2005년 제주 입도 10년 만에 5층 빌딩을 지었다. '300만 원으로 시작해서 10년 만에 빌딩 짓기'의 꿈이 이루어진 것이다. 마침내 내 빌딩에서 임대료를 내지 않고 장사를 할 수 있게 되었다.

우리에게 플라워몰의 자산 가치는 '플라워몰 브랜드'와 '플라워몰 빌딩'의 가치를 합해 족히 수십억 원은 될 거라 생각한다. 게다가 날마다 마시는 제주의 신선한 공기는 보너스다.

아이디어란 그 자체만으로는 별 가치가 없다. 반면에 그 아이

디어를 실행에 옮기는 사람에게는 무한한 가치를 지닌다. 세상의
모든 성공적인 아이템은 말도 안 되는 아이디어에서 시작했다.
누구에게나 문득 지나가는, 반짝이는 아이디어가 있다. 이 아이디
어를 그냥 흘려보내지 말고 구체적으로 생각하고 행동하는 습관
을 갖자. 실행에 옮겨야 성공적인 아이디어가 될 수 있다. 우리는
생각을 실행으로 옮기면서 많은 상황과 기회를 만났다. 300만 원
으로 창업을 하고 10년 만에 빌딩을 짓겠다고 발을 떼는 순간부
터 천사가 우리를 그곳으로 인도해주었다.

　당신이 간절히 바라고 원하는 만큼 세상은 당신에게 길을 안
내한다. 당신이 할 일은 생각한 것을 즉시 실행에 옮기는 것이다.
세상은 당신의 행동에 대한 대답으로 기회를 마련해준다. 그것을
당장 받아들이고 길을 떠나라. 그에 합당한 황금 열매를 기대해
도 좋다. 감히 도전을 앞두고 망설이는 당신에게 이렇게 말하고
싶다.

　"이제 당신 차례다!"

두통과 불면,
그리고 우울증

매출 10억 원, 플라워몰 세무조사 이야기

<blockquote>
때로 정말로 절실히 원한다면
그것이 이루어진다.

토머스 엘리엇
</blockquote>

"세무조사 나왔습니다. 지금 바로 사무실로 들어오세요."

"네? 지금 바로요? 부모님과 관광중인데, 다음 주에 하면 안 될까요?"

"안 됩니다. 지금 바로 들어오세요."

강한 어조로 세무서 직원이 말했다. 드라마에서나 보던 일이 우리에게도 벌어진 것이다. 조사관과 통화를 하고 나니 어떻게 해야 할지 몰라 우왕좌왕했다.

2007년 여름, 서울에 계신 부모님이 모처럼 제주에 놀러 오셨다. 한참 용두암 바닷가를 구경하고 있는데 세무조사를 나왔다는 한 통의 전화가 걸려온 것이다.

우리는 모든 일정을 취소하고 집으로 돌아왔다. 사무실로 들어서니 세무서 직원 세 사람이 와 있었다. 두 사람은 의자에 앉아 있었고 한 사람은 책상에 걸터앉아 있었다. 반장이라는 사람은 조사에 협조해달라고 하면서 컴퓨터에 깔려 있는 화원 관련 프로그램, 은행 자료 등을 내려받기 시작했다. 그러고는 최근 2년 동안의 모든 은행거래 자료를 뽑아 제출하라고 했다. 은행에 자료를 요청했더니 K은행의 지점장은 플라워몰 거래 내역을 인쇄하는 데 꼬박 하루가 걸렸다고 한숨을 쉬며 박스를 내밀었다. 박스를 받아든 세무서 여직원은 자료를 언제 다 조사할지 막막한 표정이었다. 보기만 해도 머리가 아파왔다.

"○○식당은 세무조사 나온 후 벌금이 1억 원이 나와서 사장이 머리를 싸매고 누웠대!" "○○도매 철물상회는 제대로 된 자료를 가지고 있지 않아서 세무조사 후 엄청난 과태료 때문에 폐업을 했대."라는 등 많은 이야기들이 지인들의 입에서 흘러나오던 차에 세무조사가 나온 것이었다. 괜히 가슴이 뛰고 어찌할 바를 몰랐다. 플라워몰의 회계 신고를 대행해주던 세무사는 침착하게 협조해주면 된다고 했지만, 처음 접하는 세무조사에 우리는 당황할 수밖에 없었다.

2003년 매출 9억 8천만 원을 신고한 이후, 해마다 10억 원 이상의 매출을 올리고 있었다. 꽃집 매출로 10억 원이 넘는 것은 전국적으로도 흔치 않은 일이었다. 그러나 그동안 매출은 많았지만 과도한 광고비 지출로 순수익은 얼마 되지 않았다. 광고비를 고객 유치를 위한 투자라고 생각했기 때문에 광고비로 인해 흑자보다는 적자가 나는 해도 있었다.

신문과 뉴스에서 말하는 세무조사는 항상 엄청난 추징금을 부과하는 것으로 결론을 짓는다. 우리도 세무조사가 곧 세금 징수라는 선입견이 있었다. "털어서 먼지 나지 않는 기업이 어디 있을까?"라고 하면서 지인들은 걱정해주었다. 그러나 거래처들은 부족한 소명자료를 달라는 우리의 요청에 비협조적이었다. 혹시나 피해를 볼까 우려하는 눈치였다. 자초지종을 잘 말하고 설득한 다음 자료들을 겨우 받을 수 있었다.

세무서 직원들은 퇴근 시간이 되어 돌아갔지만 우리 부부는 뜬눈으로 하얗게 밤을 지새웠다. 도저히 걱정이 되어 잠을 잘 수가 없었다. '그렇잖아도 회사가 어려운 시기인데 세무조사로 무슨 문제라도 생기면 어떻게 하나?' 하는 생각이 들었다. 다음 날도 그 다음 날도 세무서 직원들이 계속해서 우리 사무실로 출근했다. 컴퓨터를 장악하고 여러 가지를 세세하게 물어보았다. 사무실과 집 안은 순식간에 불안감으로 뒤숭숭해졌다.

부모님과 언니, 조카는 모처럼 제주에 왔는데 마음이 편치 않다고 하면서 관광을 포기하고 서울로 올라갔다. 남편은 수소문해 지인에게 전직 세무서장이었다가 세무사로 활동하는 분을 소개받고 그분에게 자문을 구했다.

"혹시라도 잘못된 것이 있어서 문제가 생기면 어떻게 하죠?"

"세무서 직원들, 그렇게 무서운 사람들 아닙니다. 우리와 똑같은 사람들이에요. 혹시 문제가 될 만한 사항이 있으면 증빙서류를 제출하시고, 인간적으로 말씀하세요. 정상적으로 신고했으면 특별히 걱정하지 않으셔도 됩니다."

지루하고 숨 막히는 조사는 무려 9일 동안 이어졌다. 그동안 나는 두통과 불면증에 시달렸고, 우울증까지 오는 것 같았다. 모든 것이 힘들었다.

일주일 정도 지나자 세무서 직원은 더이상 사무실에 오지 않고 전화로만 이야기했다. "은행 자료를 엑셀로 다운로드해서 제출하세요. 그리고 광고비 지출 내역은 증빙서류를 첨부하세요."라고 추가로 요청했다.

언젠가 세무 특강을 들었다. 그때 "어떤 영수증이라도 5년 동안의 자료는 절대 버리지 말고 보관하세요."라고 강사가 말했었다. 그 강의를 들은 후에 나는 다행히 영수증과 계산서, 카드명세서 등 5년 동안의 자료를 잘 보관하고 있었다. 모든 자료와 증빙서류가 신고한 것과 맞아 떨어졌다.

세무조사가 끝나는 마지막 날, 담당 반장에게 세무서에 방문해 달라는 전화를 받았다. 도착하자 반장은 첫날 강압적인 태도와는 달리 아주 친절하게 말했다.

"최종 마무리합니다. 꼼꼼히 읽어보시고 사인해주세요."

반장은 직접 차를 대접하더니 서류를 읽고 마무리 서명을 해 달라고 요청했다. 이렇게 해서 플라워몰 세무조사는 과징금 없이 마무리되었다.

'노블레스 오블리주'를 실현한 기업인으로 미국에 워런 버핏, 빌 게이츠, 록펠러 가문이 있다면 우리나라에는 유한양행의 설립자 유일한 박사가 있다. 일제 강점기였던 1920년대에 민족 기업을 일으키고 불후의 신화를 창조한 유한양행의 유일한 박사는 우리나라에서 가장 존경받는 기업인 중 한 명이다. '세무조사' 하면 가장 먼저 떠오르는 기업인이기도 하다.

1967년 유한양행의 세무조사가 이루어졌다. 정치자금을 제공하라는 요구를 거절해서 세무사찰 대상이 되었다고 하는데, 분명 동기가 불분명한 탈세 조사였다. 본사와 공장, 지방 특약점까지 모두 영치해 샅샅이 조사했지만 탈세 단서를 찾지 못했다. 당시 조사국장은 책임감을 느껴서인지 국세청장에게 재조사를 요청하기까지 했다. 그럼에도 불구하고 무실적으로 조사가 마무리되고, 오히려 모범납세자 표창장을 수여했다는 이야기는 매우 유명한 유한양행의 실제 사례다.

『유일한 평전』에 공개된 그의 유언장에는 다음과 같은 내용이 적혀 있다.

　　첫째, 유일선의 딸, 즉 손녀인 유일링(당시 7세)에게는 대학 졸업 시까지 학자금으로 1만 불을 준다.

　　둘째, 딸 유재라에게는 유한공업고등학교 안에 있는 묘소와 주변 땅 5천 평을 물려준다. 다만 그 땅을 유한동산으로 꾸미되, 유한동산에는 절대 울타리를 치지 말고 유한중학교, 유한공업고교 학생들이 마음대로 드나들게 해 어린 학생들의 티 없이 맑은 정신에 깃든 의지를 지하에서나마 더불어 느끼게 해달라.

　　셋째, 유일한 자신의 소유 주식 174만 941주는 전부 '한국 사회 및 교육 원조 신탁기금'에 기증한다.

　　넷째, 딸 유재라는 아내 호미리의 노후를 잘 돌보아주기 바란다.

　　다섯째, 아들 유일선은 대학까지 졸업시켰으니 앞으로는 자립해서 살아가거라.

　　여섯째, 아무개에게 돈 얼마를 받을 것이 있으니 얼마는 감해주고 나머지는 꼭 받아서 재단 기금에 보태라.

삶의 철학과 함께 세세한 금전 거래까지도 밝히고 있는 유일한 박사의 유언장은 읽는 것만으로도 가슴이 뭉클해진다. 그의 유품은 일상에 필요한 몇 가지 용품과 구두 2켤레, 양복 3벌이 전부였을 정도로 검소했다. 전문기업인에 의한 기업 경영이 아니라 혈통주의에 의한 경영권 승계를 당연시하는 것이 우리나라의 현실이다. 그와는 달리 선진 경영 방식을 도입하고 사회에 기업의 이익을 환원한 유일한 박사의 기업가 정신은 존경스럽다 못해 숭고하기까지 하다.

생각으로 성공의 씨앗을 뿌려라

블랙홀 같은 플로리스트의 속사정

불가능을 가능케 하는 꽃, 블루로즈

부자처럼 생각하고 부자처럼 행동하라

6만 평 정원, 아더&블루로즈 드림하우스

5장

비전:
뉴리치의 꿈에
도전하라

별처럼 빛나는 젊음의 때에
꿈을 믿는다는 것은
얼마나 위대한 일인가.

그러나 그보다
더 위대한 일은
인생의 황혼 무렵에
이렇게 말할 수 있는
삶을 사는 것이라네.

나의 꿈은 이루어졌노라.
이지성 「꿈꾸는 다락방」 중에서

생각으로
성공의 씨앗을 뿌려라

성공 비법, 내가 곧 '나의 창조자'

> 마음속 생각하는 대로의 인간이 된다.
> 지금 드러난 인생은 우리가 이제껏
> 생각해온 것의 결과물이다.
>
> **제임스 알렌**

『위대한 생각의 힘』은 100여 년 전에 출간된 책으로 '생각'이라는 주제를 다룬 책의 원조라고 할 만하다. 저자인 제임스 알렌은 생각에 대해 이렇게 서술한다.

"인간은 은밀히 생각하며 생각은 현실로 나타난다. 환경은 그 생각의 거울에 지나지 않는다. 마음속에 뿌린 생각의 씨앗은 뿌리를 내리고, 곧 행동이라는 꽃을 피우며, 기회와 상황이라는 열매를 맺는다. 좋은 생각은 좋은 열매를 맺고 나쁜 생각은 나쁜 열매를 맺는다."

'내가 곧 나의 창조자'라고 주장하는 알렌은 "두려움 없이 목표와 생각에 힘을 모으면 창조적인 힘이 생긴다."라고 말한다. 생각은 행동을 불러오고 그에 맞는 상황과 기회를 가져다주며, 결국 생각의 열매가 결과물로 나타난 것이 바로 '현재'인 것이다.

그러므로 현재의 모든 처지와 상황은 '내 생각의 결과물'이다. 지금 상황이 좋든 나쁘든 모두 내가 만든 세상이다. 자주 생각하는 것들이 결국에는 현실이 된다. 의식적이든 무의식적이든 우리가 생각한 것들은 우리의 미래다. 미래를 알고 싶다면 지금 자신이 생각하는 것을 들여다보면 된다.

알렌이 책에서 말하고 있는 것은 굉장한 축복의 메시지가 될 수 있다. 자신의 운명과 미래를 자기 생각대로 만들 수 있다는 말이기 때문이다. 다시 말해 내 운명은 내가 창조해나갈 수 있다.

책을 읽고 나서 나는 지난 과거들을 돌아보았다. 그리고 좋은 결과든 나쁜 결과든 정말 내가 생각했던 것들이 고스란히 현실이 되어 있다는 것을 깨달았다. 그 모든 것들은 과거부터 현재까지 예외 없이 과거에 내가 생각한 결과물이었다. '분명 잘될 거야.'라는 생각으로 진행했던 일들은 좋은 결과를 가져왔고, '잘되지 않을 거야.'라고 생각했던 일들은 좋지 않은 결과를 가져왔다.

언젠가 제주발전연구원 세미나에서 플라워몰이 소자본 창업 성공 사례로 소개된 적이 있었다. 그때 진행을 했던 한 경영지도사가 이렇게 말했다. "플라워몰이 성공한 비결은 '제주를 탈환하자.'라고 처음 생각했던 다짐이 씨앗이 되어 열매를 거둔 것입니다." 그가 말했듯이 300만 원으로 조천화원을 시작해 10년 만에 빌딩을 짓게 된 것은 완도에서 제주를 향해 배를 타고 오면서 "그래, 우리 제주를 탈환하자."라고 말했던 생각이 씨앗이 되어 이루어진 것이다. 그로 인해 제주에서 우리는 잃어버린 꿈을 다시 찾았다.

꽃집을 창업하겠다고 마음먹자 어딜 가나 꽃만 보였다. 꽃에는 문외한이었던 내가 가는 곳마다 꽃과 관련된 것들만 보이기 시작했다. 제주도는 손바닥만 하다고 생각했는데, 웬 꽃집이 그렇게 많던지…. 전에는 눈에 띄지 않던 꽃집 간판이 한 집 건너 하나씩 보였다. TV나 영화를 볼 때, 거리를 지나갈 때, 차를 타고 갈 때도 내 눈에는 온통 꽃만 보였다. 테이블에 올려놓은 작은 화분이나 정원의 식물, 거리의 가로수 등 꽃과 나무들이 있는 풍경만 보였다. 한 장면도 빠지지 않고 내 눈에 모두 들어왔다. 나는 마치 사랑에 빠진 사람처럼 하루 종일 꽃에 대한 생각으로 '꽃세상'에 빠져 있었다. 그때 세상이 온통 플라워몰로 보였다.

8평 매장에서 2년 만에 100평 매장으로 확장 이전하면서 물품 대금이 부족해 쩔쩔매고 있을 때였다. 아무 연고도 없는 제주에서 돈을 빌려달라고 부탁할 곳이 없었다. 조천에 있을 때 평소 친분이 있었던 분에게 돈을 빌려달라고 부탁했다가 거절당한 적이 있었는데, 그 뒤로는 돈을 빌려달라는 이야기는 죽기보다 하기 싫었다.

그런데 어느 날 정말 다급하게 돈이 필요한 일이 생겼다. 할 수 없이 친분이 있던 정낭꽃방 사장님 부부와 점심 식사를 하면서 어렵게 자금을 빌려달라고 부탁했다. 뜻밖에도 사장님 부부는 흔쾌히 3천만 원을 바로 빌려주었다. 이자도 받지 않겠다고 했다.

그때 우리 부부는 마치 감전이라도 된 듯이 찡한 감동을 받았다. '세상에 이렇게 고마운 분들도 있구나. 선뜻 큰돈을 빌려주다니!' 절실함이 그분들에게 전해졌던 모양이다. 사장님 부부도 하늘이 보내주신 귀인임이 틀림없었다.

"열심히 해서 땅도 사고 건물도 지으세요. 그리고 가끔 밥이나 사세요!"

이자 대신 밥을 사라고 했다. 사업을 하면서 사람을 얻는 것이 가장 기쁜 일이라는 말도 했다. 그 후로도 정낭꽃집 사장님 부부의 도움으로 우리는 어려운 고비를 넘길 수 있었고 함께 밥을 먹으면서 호형호제하는 사이가 되었다. 나는 나중에 정낭꽃집 사장님 부부에게 물었다.

"어떻게 처음 보는 사람들에게 선뜻 큰돈을 빌려주실 수 있었나요?"

"열심히 사는 모습을 보니 도와주고 싶어졌어요. 이 사람들은 조금만 도와주면 크게 성공할 거라는 생각이 들더라고요."

우리가 생각하고 상상했던 일들은 여러 가지 기회와 상황이 되어 나타났고, 우리는 적절하게 그것을 붙잡았다. 그리고 그때마다 열심히 살아야겠다고 다짐하며 감사해했다.

베트남 포로수용소에 갇혀 있었던 제임스 네스멧 소령의 이야기는 생각하고 상상한 것이 현실이 된다는 것을 보여주는 좋은 사례다. 네스멧 소령은 포로수용소에서 지낸 7년 동안 골프를 치면서 18홀을 도는 자신의 모습을 날마다 상상하며 잠들었다. 그가 석방된 뒤 골프채를 잡았을 때, 놀랍게도 평소보다 20타수가 줄어 있었다. 상상 속에서 꾸준히 연습한 것이 현실에서 적용된 것이다.

우리에게는 생각하고 상상한 것을 실현할 수 있는 능력이 있다. 신의 창조물인 인간은 신이 주신 DNA를 갖고 태어났기 때문이다. 우리가 잘 알고 있는 워런 버핏, 빌 게이츠, 스티브 잡스, 오프라 윈프리 등이 바로 생각을 현실로 만드는 창조적 리더들이다. 성공한 사람들은 생각하고 상상하는 능력이 뛰어나다.

생각이라는 씨앗이 없이는 행동이라는 능동적인 태도가 밖으로 드러날 수 없다. 의도적으로라도 좋은 생각, 긍정적인 생각을 해야 한다. 그리고 생각이 어떻게 씨앗이 되어 열매를 거두고 있는지 확인해보자. 그러면 지금 우리가 처한 현실은 과거에 내가 생각한 것들이고, 지금 생각하는 것들은 미래의 나의 모습이라는 진실과 만나게 될 것이다. 다시 한 번 강조하지만 지금 어떤 생각을 하는지는 정말 중요한 것이다. 좋은 생각, 사랑과 감사, 행복, 그리고 긍정 등 백만장자의 생각으로 우리의 미래가 행복해질 수 있다.

어떠한 상황이 일어나든지 우연은 없다. 생각의 결과로 기회와 상황이 주어질 뿐이다. 그러니 지금 내가 생각하고 있는 것이 얼마나 중요하겠는가? 지금 하는 생각이 바로 나의 내일이고 나의 미래다. 우리는 생각으로 꿈을 실현할 수가 있다.

플라워몰을 운영하면서 우리에게는 정말 힘들고 어려웠던 일들이 많았다. 그러나 그런 절망적인 상황에서도 긍정적인 자세로 실낱같은 희망의 끈을 결코 놓지 않았다. 신기하게도 절망의 끝에서 어떤 형태로든 천사가 나타나 우리를 도와주었다. 때론 친구 아버지가 제주에 발령받아 내려오시기도 하고, 때론 좋은 분을 만나 금전적인 도움을 받기도 하는 등 기적과 같은 일들이 일어났다.

전국 최고의 꽃배달서비스 전문점으로 성장해 플라워몰 빌딩을 짓고 전국 각지의 체인점에서 꽃을 배달하는 장면을 매일 상상했다. 그리고 마침내 그것은 현실이 되었다.

내 생각과 상상을 매일 적고, 잠들기 전 잠재의식에 각인시켜라. 그러면 우주에서 당신의 생각을 현실로 바꿔주기 위한 준비과정이 시작될 것이다. 마침내 생각은 구체화되고 현실이 되어 당신 앞에 나타날 것이다. 이 방법을 터득한 사람은 이루고 싶은 모든 것을 이룰 수 있다. 매일 간절히 바라고 생각하고 상상하라. 그리고 종이 위에 당신의 소원을 적어라. 상상이 곧 현실이 된다. 다만 부정적인 생각은 1%도 하면 안 된다. 부정적인 미래가 펼쳐질 테니 말이다.

블랙홀 같은
플로리스트의 속사정

영국 왕실 플로리스트 폴라 프라이크처럼

> 신은 우리 인간에게 하나는 억눌러야 하고
> 하나는 생각해서 계발해야 하는
> 2가지의 극단적인 능력을 주셨다.
> 그 이후로 어떤 능력을 최대한 활용했느냐에 따라
> 인간의 성공과 실패가 결정되었다.
>
> 로버트 알버트 블로치

꽃마다 다양한 향기가 있다. 국화 향기는 사람의 마음을 위로
하고, 라벤더 향기는 행복한 기분이 들게 하며, 재스민 향기는 몽
환적이고 섹시한 느낌을 준다. 꽃의 대명사로 여겨지는 장미 향
기는 감성을 로맨틱하게 만들어준다. 그래서인지 사랑을 고백할
때는 항상 정열적인 빨간 장미가 등장한다. 시각과 후각을 모두
자극하는 장미는 여전히 연인들의 꽃 선물로 인기가 많다. 향수
의 재료로 꽃이 사용되는 것도 바로 이러한 이유에서다.

얼마 전, 영화 〈위대한 개츠비〉를 보았다. 〈타이타닉〉으로 잘

알려진 배우 레오나르도 디카프리오가 주인공 개츠비로 등장하고, 개츠비의 첫사랑 데이지 역할에 캐리 멀리건이 열연했다. 풋풋한 청년이던 디카프리오는 어느새 매력적인 중년 남성이 되어 있었다. 영화에서도 얼마나 멋지던지, 정말 한눈에 반할 만했다. 영화 곳곳에 등장하는 아름다운 숲과 집, 그리고 호수의 풍경 역시 눈을 사로잡았다.

첫사랑의 여인 데이지와 개츠비가 재회하는 장면은 굉장히 에로틱하고 환상적이다. 호수에서 멀지 않은 숲 속에 꽃향기로 가득한 아름다운 집이 등장한다. 데이지와의 재회를 앞두고 개츠비는 그녀가 들어오는 길을 따라 꽃과 나무로 장식하고 파묻힐 만큼 많은 양의 꽃으로 실내를 가득 채운다. 장미 넝쿨 아치를 지나서 꽃향기가 진동하는 실내로 들어서면 누구라도 황홀할 것이다. 이런 아름다운 곳에서 개츠비는 첫사랑 데이지와 재회한다. 이 얼마나 로맨틱한 장면인가?

살면서 선한 일을 많이 하고 죽은 사람은 천국에 가서 신의 정원을 관리하는 정원사가 된다는 이야기가 있다. 그만큼 꽃과 식물을 다루는 일은 즐거운 일이다. 유럽에서는 최고의 직업으로 '가드너gardener', 즉 식물을 다루는 사람을 꼽기도 한다. 그렇다면 하루 종일 꽃향기를 맡으면서 작업을 하는 사람은 무엇일까? 사랑과 감성의 상징인 꽃과 함께하는 직업, 바로 플로리스트다.

꽃이라곤 장미, 안개꽃, 프리지어밖에 모르고 꽃집을 시작했다. 이렇게 무작정 시작한 플로리스트가 또 있을까 싶다. 아무것도 모르고 시작했기에 꽃에 대해 배우려는 욕구가 컸다. 개업하고 나서도 시간을 내서 제주 시내에 있는 꽃집으로 꽃꽂이를 배우러 다녔다. 한나절씩 시간을 내어 꽃꽂이를 배우러 다니는 것은 쉽지 않았지만, 아무것도 모르고 시작했기에 배우면서 할 수밖에 없었다. 동양꽃꽂이, 서양꽃꽂이, 웨딩장식, 장례장식, 교회꽃꽂이 등 배우면 배울수록 알아야 할 것이 점점 더 많아졌다. 플라워몰이 성장하고 직원이 늘어나면서 꽃꽂이는 물론이고 경영과 회계 등에 대한 지식도 부족해 어려움이 많았다. 급기야는 늦은 나이에 대학에 들어간 것을 시작으로 현재까지 한 해도 쉬지 않고 달려왔다.

몇 년 전에는 하승애 교수님의 권유로 지방기능경기대회 화훼장식 부문에 출전해 입상을 하고, 전국기능경기대회에 제주도 대표선수로 나가기도 했다. 경기대회는 더위가 아직 가시지 않은 9월 초에 시작해 일주일 동안 진행된다. 웬만한 체력이 아니고서는 대회 일정을 소화해내기 힘들다. 대부분 나보다 젊은 선수들이 수년 동안 경력을 쌓고 개인 지도를 받은 뒤 대회에 나온 터라 실력이 대단했다. 정말 힘들었던 것은 경기를 치르면서 꽃이 담긴 무거운 물통을 운반하고 정리까지 해야 하는 것이었다. 하루 종일 서서 구조물을 만들고 꽃을 장식하는 작업도 상당한 에너지가 필요한 일이다. 화훼 장식을 할 때 작품을 만드는 재료로 대나무·삼지닥나무·느티나무 등의 두꺼운 나무 소재와 철사, 고무호수 등 여러 가지 재료가 쓰인다. 소재들을 톱으로 자르고, 망치로 두드리고, 드릴을 사용해서 구멍을 뚫는 일은 상당한 체력이 필요했다.

마지막 날에는 선수들이 모두 기진맥진해 '말 그대로 개고생'이라고 투덜거리면서 다시는 대회에 참가하지 않겠다고 다짐하기도 했다. 제주 대표로 참가한 3명의 선수들은 대나무를 자르기 위해 무지막지하게 생긴 '돼지 잡는 칼'을 준비해서 심사위원들을 식겁하게 만들기도 했다. "헉, 제주도 선수들은 돼지 잡는 칼로 대나무를 쪼갭니까?" 제주도 여인들의 강인함과 용감함을 보여주는 에피소드다.

전국대회에 출전하고 나서 한동안 맥이 풀려 슬럼프에 빠지기도 했다. 그러던 중 영국의 왕실 플로리스트였던 폴라 프라이크의 '인텐시브 코스Intensive Course'에 참여해 레슨을 받을 기회가 생겼다.

"꽃에 미쳐 꽃과 함께하는 인생이 무척 즐겁고 행복하다."라고 말하는 폴라 프라이크는 영국 왕실과 대형 건축물의 꽃 장식을 담당하는 플로리스트였다. 그녀의 작품은 줄리아 로버츠와 케이트 윈슬렛 등 유명 연예인들이 좋아하고, 샤넬과 루이비통 등의 명품 매장에서도 그녀의 꽃 장식을 선호한다. 며칠 동안 그녀와 함께한 레슨은 꽃의 화려함을 만끽할 수 있는 환상의 날들이었다. 꽃으로 가득한 그녀의 집을 소개하는 영상을 보았는데, 플로리스트의 일상과 아름다운 집을 보면서 나도 꽃이 가득한 예쁜 정원이 있는 집에서 꽃꽂이를 하면서 살고 싶다는 꿈을 갖게 되었다. 평생을 꽃과 함께 전 세계를 누비면서 활동하는 그녀의 모습은 플로리스트라면 누구나 꿈꾸는 모습이었다.

"요즘은 사람들이 정신없이 바쁘게 살아요. 캐모마일 차를 마시며 저녁에 현관 앞에 앉아 개똥지빠귀의 고운 노래를 듣는다면 한결 인생이 즐거울 텐데…."

미국에서 가장 사랑받는 그림책을 그리는 동화작가 타샤 튜더의 말이다. 그녀는 56세에 버몬트 주의 산골로 내려가 18세기풍의 농가를 짓고 꽃밭을 가꾸며 그림을 그리는, 꽃을 사랑하는 동화작가다. 그녀를 더욱 유명하게 만든 건 40년간 직접 가꾼 '타샤의 정원'이다. 그녀는 이렇게 말한다.

"난 급하게 하는 건 좋아하지 않아요. 천천히 하는 걸 좋아하죠. 우리 손이 닿는 곳에 행복이 있어요."

느린 삶을 추구하면서도 그녀는 100여 권이 넘는 그림책을 남겼고 2천여 평의 정원을 손수 가꾸었다. 현대인의 바쁜 삶 대신 자연과 더불어 자급자족하는 삶을 택한 타샤의 정원은 이제 '여유'의 상징이 되었다.

꿈을 이루면서 가슴 뛰는 삶을 사는 사람들은 자신이 좋아하는 일을 계속해서 해나가는 사람들이다. 일을 하면서 기쁨과 희열을 느끼고 있다면 그것은 이미 일을 즐기고 있다는 것이다. 좋아하는 일을 계속해서 미친 듯이 하면 당연히 성공한다. 폴라 프라이크처럼, 때론 타샤 튜더처럼 꽃과 자연 속에 묻혀 좋아하는 일을 놀이처럼 할 수 있다면 이보다 더 좋은 직업이 있을까?

살다 보면 가끔은 이런 경험은 하지 않았으면 더 좋았을 텐데 하는 일도 있다. 그런데 모든 것이 지금의 내가 되기 위해 필요한 일련의 과정이었다는 것을 나중에 깨닫게 된다.

김치를 담글 때 배추만 필요한 게 아니다. 소금과 고춧가루, 마늘, 깨소금 등 갖은 양념과 젓갈이 들어간다. 정말 맛있는 김치를 담그려면 무엇보다도 재료가 좋아야 한다. 좋은 배추와 양념과 젓갈, 그리고 담그는 사람의 정성과 손맛이 들어가야 비로소 깊은 맛이 나는 김치가 되는 것이다.

김치 하나를 담그려고 해도 이렇게 많은 공정이 필요한데, 멋진 인생을 만들기 위해서도 맛있는 김치를 담그는 것처럼 많은 재료들이 필요함은 당연한 것이다. 좋아서 하는 일도 있지만 때론 하기 싫은 일도 하고 인내하면서 끈기 있게 가야 한다.

최고의 꽃집을 만들기 위해서는 단순히 꽃만 잘 꽂으면 되는 줄 알았는데 그게 아니었다. 플로리스트로 인정받기 위해서는 실기와 이론을 겸비한 자격증은 물론이고 경력도 필요했다. 또한 전국적으로 꽃집체인망을 확장시키면서 포괄적인 경영 능력과 함께 교양과 리더십 등 종합적인 능력도 필요했다.

고민과 갈등의 시간을 보내면서도 포기하지 않고 계속 가다 보면 결국 이루어내는 순간이 온다. 마침내 꿈꾸던 일이 이루어지는 것이다. 힘들고 어려운 시절을 지내고 나니 마치 100년은 산 사람 같다는 생각이 든다.

리처드 바크의 『갈매기의 꿈』의 주인공 조나단 리빙스턴 시걸은 "가장 높이 나는 갈매기가 가장 멀리 본다."라고 말한다. 오직 먹이로 배를 채우는 것만이 삶의 목표가 아니라, 가장 빠르게 가장 높이 나는 것이 조나단의 꿈이었다. 꿈을 이루기 위해서는 시간이 필요하다. 결국 인고의 시간을 견디고 이겨내는 사람이 가장 멀리 날 수 있다.

가장 길게 당긴 피스톤이 물을 가장 높이 뿜어내고, 가장 많이 당긴 화살이 가장 빠르게 날아간다. 그리고 가장 높이 나는 갈매기가 가장 멀리 보는 것이다.

불가능을 가능케 하는 꽃,
'블루로즈'

두 번째 이름, 기적의 꽃으로 꿈을 피우다

> 생명력이란 살아남는 능력만을 의미하는 게 아니다.
> 새로 시작하는 능력이기도 하다.
>
> **스콧 피츠제럴드**

언젠가부터 블루로즈를 좋아하게 되었다. 블루로즈의 꽃말은
원래 '얻을 수 없는 것' '불가능한 것'이었다. 세상에는 형형색색
의 장미가 있지만 유독 파란 장미는 볼 수 없다. 장미에는 원래부
터 파란색을 내는 유전자가 없기 때문이다.

그런데 기적이 일어났다. 파란색 도라지꽃에서 확보한 유전자
를 장미에 이식해 파란 장미를 피우려는 연구를 진행하고 있다
는 것이다. 그래서 우리는 조만간 파란 장미를 볼 수 있을 것이
다. 이 연구로 블루로즈의 꽃말은 '불가능한 것을 가능케 하는 기

적'이라는 의미를 갖게 되었다.

　불가능하다고 생각해 잊고 있던 꿈이 있었다. 그런데 불가능하다고 생각했던 꿈을 제주에 와서 이루게 되었다. 고졸이었던 내가 대학교에 입학을 하고 대학생이 된 것이다.

　플라워몰 매장에서 자동차로 20분 거리에, 캠퍼스가 넓고 아름다운 제주대학교가 있다. 한라산 자락에 자리 잡고 있는 제주대학교는 그 명성만큼이나 학교로 가는 길이 아름답다.

　매장에서 자동차를 타고 학교에 가려면, 정실마을로 방향을 잡고 올라가 한라산을 바라보면서 5·16도로 방면으로 가면 된다. 자동차에 올라타면 내가 좋아하는 모차르트 곡이 항상 울려 퍼진다. 이른 봄에 마을로 들어서면 2차선의 좁은 도로변에 복사꽃과 매화꽃이 활짝 피어, 아름다운 꽃길을 연출한다. 조금 더 가면 다음 본사가 왼쪽 도로변에 서 있고, 그 앞에는 멀리 한라산 정상 아래 드넓은 초원이 펼쳐진다. 한가로이 풀을 뜯고 있는 말들을 보면 하루 종일 쌓인 피로가 절로 풀리고 머리가 맑아진다.

　길가에 피어 있는 꽃을 구경하는 것만으로도 행복해진다. 유채꽃 길을 지나면 샤스타데이지 꽃길이 나오고 그 길의 끝에 제주대학교의 진입로가 보인다. 진입로 양쪽으로 왕벚꽃 나무가 한참 동안 서 있는데, 바람이 불면 하얀 꽃잎들이 마치 함박눈처럼 날린다. 가을이면 교수 아파트로 가는 왼쪽 길가에 은행나무들이

샛노랗게 물들어 있어 동화『오즈의 마법사』의 한 장면처럼 어디선가 토끼가 뛰어나올 것 같다.

겨울밤 눈보라가 칠 때면 집으로 돌아가는 길은 빙판길로 변해 아슬아슬하다. 그러나 그 모습은 마치 영화 〈닥터 지바고〉의 한 장면처럼 애틋하고 감상적이게 만든다. 자동차 안에서 바라보는 눈보라 치는 세상은 그야말로 환상적이다. 시속 5km의 속도로 미끄러지지 않게 천천히 운전을 하다 보면, 20분 만에 도착할 거리를 1시간이나 걸려서 겨우 집에 도착한다.

남편과 함께 꽃집을 시작하면서 주부, 엄마, 아내, 학생 등 1인 다역을 감당하면서도 학교 가기를 포기하지 않은 이유 중에 하나는 등굣길의 환상적인 드라이브 코스 때문이기도 했다. 하루 종일 일을 하다 오후 6시가 되면 대학생이 되어 학교에 가는 것은 꽃집 일이 힘들 때마다 위로가 되었다. 아름다운 꽃길을 지나 학교에 다니는 기쁨은 모든 시름을 잊게 해주었다.

적은 자본과 경험 없이 시작한 꽃집을 남편과 함께 경영하면서 정말 정신없이 살았다. 제주에 온 지 5년이 되어서야 한라산 등반을 처음 해보았을 정도니, 지금 생각해도 여유 없이 개미처럼 일만 하며 살아왔다.

바쁜 와중에도 내게는 항상 배움에 대한 목마름이 있었다. 사회 생활을 하면서 느낀 고졸 콤플렉스와 대학에 대한 로망은 그 목마름을 부추겼다.

제주에 와서 꽃집을 창업하고 꽃꽂이를 배우고자 늘봄꽃집의 하승애 교수님을 찾아뵈었다. 교수님은 나와 몇 마디 나눠보시더니 학력을 물으셨다. 고졸이라고 대답하니 교수님은 "꽃꽂이도 중요하겠지만 대학에 들어가서 좀더 공부를 하면 좋겠어요."라고 말씀하시면서 내 목소리와 성품이 아깝다고 칭찬해주었다.

칭찬은 고래도 춤추게 한다고 했던가? 가슴속에 묻어두었던 배움에 대한 욕구가 되살아났고, 제주대학교 경영학과에 야간으로 지원해서 학부생이 되었다. 32살에 02학번으로 시작한 나의 학교 생활은 꽃집 일과 병행해야 했기에 전쟁과도 같았다.

저녁에 남편이 아이를 봐줄 수 없는 날에는 어린이집에서 돌아온 5살 딸 서진이를 데리고 학교에 함께 갔다. 저녁 6시 30분에 시작한 수업은 꼬박 4시간을 채우고 밤 10시가 넘어서야 끝났다. 일주일에 한두 번은 엄마와 함께 등교해야 했던 서진이는 꼬마 대학생이 되었다. 어떤 학생은 학교에서 자주 보이는 서진이가 영재 대학생인 줄 알았다고 하고, 한 교수님은 서진이도 등록금을 내야 할 것 같다고 웃으면서 말씀하셨다.

다른 학생들에게 방해가 될까봐 서진이와 함께 학교에 올 때는 늘 뒷자리에 앉았는데, 기특하게도 서진이는 수업이 진행되는 동안 조용히 숙제를 하거나 과자를 먹으며 시간을 보냈고, 이마저도 힘들면 엎드려 잠을 잤다. 정말 착한 아이였다. 이제 발랄한 여고생이 된 서진이는 제주외국어고등학교에 다닌다. 본인은 대

수롭지 않게 생각하는데 주변에서는 다들 특목고에 다닌다고 부러워한다.

늦게 대학 생활을 시작한 나는 휴학과 복학을 반복하다 6년 만에 겨우 졸업하게 되었다. 그런데 생각지도 않은 '경상대 수석 졸업'이라는 선물이 내게 주어졌다. 시험 때마다 젊은 학생들과 공부하는 부담감에 '죽기 아니면 까무러치기다.'라는 각오로 공부한 결과가 아닐까 생각한다.

"네가 제주에 와서 고생하는 걸 보면 마음이 항상 아팠는데, 이렇게 대학 졸업장을 받으니 정말 좋다. 네가 제주에 와서 제일 잘한 일은 공부를 한 거다."

졸업식 때 상기된 얼굴로 말씀하시던 엄마의 모습이 지금도 생생하다. 평소 존경하는 경영학과 김형길 교수님이 내가 수석 졸업생이라는 사실에 놀라면서 꼭 대학원에 진학하라고 권하셨다. 그렇게 기회가 되어 결국 석사과정을 마치고 박사과정까지 이르게 되었다.

학교에서 배운 경영학 이론들을 실무에 적용시키자 시너지 효과가 났다. '경영학 원론' '마케팅광고론' '노사관계론' '인사관리' '회계원리' '기업분석' '미시경제' '거시경제' 등의 수업들을 들으며 그동안 실무에서 시행착오를 겪으면서 배웠던 것들을 이론으로 정립할 수 있어서 좋았다. 또한 고객관리와 마케팅, 그리고 직원관리와 기업분석, 회계원리에 이르기까지 부족했던 지식에 대한 갈증이 해소되었다.

불가능하다고 생각했던 대학 입학은 물론이고 박사과정에 이른 지금, 학력에 대한 나의 꿈은 이미 이루어졌다. 독자들 중에 불가능하다는 생각에 꿈을 잊고 지내던 사람이 있다면 다시 열정에 불을 지펴보기 바란다.

'아, 그때 이런 일을 해보고 싶었는데.' 하는 일이나, '어릴 적 내 꿈은 이런 것이었는데.' 하는 것이 있다면 다시 한 번 시작해 보라고 말하고 싶다. 과거에 관심이 있었지만 아직 이루지 못한 꿈을 다시 찾아보고 시작해보라. '꿈은 이루어진다.'라고 하지 않는가?

무엇인가를 시작하기에 늦은 때란 없다. 우리가 꿈꾸는 꿈 중에 결코 불가능한 것도 없다. 신은 우리에게 실현 가능한 꿈만을 꾸게 하기 때문이다. 이룰 수 있는 능력이 있기에 욕망을 자극해 꿈을 꾸게 하는 것이다. 신이 우리에게 주신 사명이 있다면, 꿈을 찾아내어 꿈을 이루고 그것을 통해 많은 사람들에게 선한 영향력을 행사하며 행복하게 사는 것이다.

'줄탁동시啐啄同時'라는 말이 있다. 알 속의 병아리가 껍질을 깨고 나오기 위해 껍질 안에서 쪼는 것을 '줄'이라 하고, 어미 닭이 밖에서 쪼아 깨뜨리는 것을 '탁'이라 한다. 이 2가지가 동시에 행해지므로 사제지간師弟之間이 될 연분緣分이 서로 무르익는다는 것을 의미할 때 비유적으로 쓰이는 고사성어다.

배움에 대한 '줄'과 학교라는 '탁'을 통해 내 안의 나를 넘어 또 다른 세상을 만나고 배우게 되었다. 그리고 이제는 예전의 내가 아닌 불가능한 것을 이룬 기적의 꽃 '블루로즈 이해원'이 되었다.

부자처럼 생각하고
부자처럼 행동하라

성공의 비법은 단순하다. 당장 롤렉스 시계를 사라!

> 욕망에너지로 부자가 된다.
> '자동차를 갖고 싶다.'라는 욕망이
> 나를 부자로 만든 것도 같은 원리다.
>
> **사토 도미오**

"사람은 책을 만들고 책은 사람을 만든다."

광화문 교보문고 입구 벽면에 새겨진 설립자 대산 신용호 선생의 명문장이다. 이 문장대로 교보문고는 아시아 최대의 서점으로서, 책을 읽는 많은 사람들에게 마법같이 변화된 인생을 선물하고 있다.

서울에 갈 때마다 습관적으로 교보문고에 들러 평소 관심이 있거나 궁금했던 책들을 살피다 보면 하루가 금방 간다. 매번 느끼지만 수많은 책들 앞에 서면 방대한 지식과 정보에 대한 호기심으로 가슴이 벅차오른다. 게다가 보석 같은 책을 발견하기라도 하면 보물섬에서 보물을 찾은 듯, 말로 표현할 수 없는 기쁨으로 한동안 가슴이 뛴다.

2010년 3월 어느 날 교보문고에 들렀다가 우연히 『꿈꾸는 다락방』이라는 책을 보았다. "생생하게 꿈꾸고 글로 적으면 현실이 된다."라고 시작되는 첫 장의 글귀에 신선한 충격을 받았다.

"평생 허리가 휘도록 일해도 자기 집 한 채 장만하지 못하는 사람이 있는가 하면, 하는 일 없이 빈둥거리는 것 같은데도 엄청나게 재산을 불려 유명세를 타는 사람도 있다."라고 저자 이지성은 말한다. 이들의 차이점은 '꿈을 생생하게 상상하는 능력'에 있다고 한다.

지난 20여 년 동안 제주에 내려와서 열심히 살았다고 생각했는데 꿈이라는 단어를 보면서 뭔가 허전한 것이 있었다. '생생하게 꿈꾸고 상상하라고? 나의 꿈은 무엇이었지?' 학창 시절 이후로 꿈이란 단어는 정말 오랜만에 접한 것이다. 책에서 소개한 사례들을 보니 성공한 사람들은 모두 '생생하게 꿈꾸는 능력'을 가진 사람들이었다.

빈민가의 월세방에서 최저생활비를 가지고 부두 노동자로 살았던 선박왕 애리스토틀 오나시스의 사례는 어떻게 부자의 느낌을 가질 수 있는지 보여준다. 그는 꿈을 생생하게 상상하기 위해 일주일치의 임금을 투자했다. 양복을 입고 최고급 레스토랑에 가서 식사를 하며 부에 대한 느낌을 구체화했다. 부자들의 행동과 말투, 생각을 관찰하고, 부자들을 따라 하며 그들처럼 되려고 노력했다. 그리고 마침내 선박업계와 석유업계의 거부가 되었고 부와 명예를 거머쥐었다.

꿈을 이루기 위해 그가 한 일은 '생생한 느낌'을 체험하는 일이었다. 부에 대해 실제로 느끼기 위해 오나시스는 일주일간 일한 임금을 아낌없이 고급 레스토랑의 식사비로 투자했다. 부자가 되려면 오나시스처럼 부의 느낌을 체험해보는 것이 중요하다. 생생하고 구체적인 느낌이 가슴에 전달되어 열정을 만들고, 그 열정은 목표점까지 더 빨리 갈 수 있도록 도와주기 때문이다.

예전 이마트 꽃 매장에 협력점으로 있을 때 과천 화훼단지에 있는 B업체 본사를 방문한 적이 있다. 하우스로 된 사무실과 창고 안에는 수백 가지의 꽃 자재들이 수북이 쌓여 있었고, 상품을 만들고 물건을 나르는 직원들로 어수선했다.

처음 방문했을 때 소형차를 타고 다니던 여사장님은 일 년이 지나자 한 등급 상향된 소나타 승용차를 타고 다녔다. 다음 해에는 사무실을 비닐하우스에서 빌딩으로 이전했는데, 주차장에는 사장님의 애마인 BMW가 있었다. 함께 점심 식사를 하러 가는 차 안에서 사장님이 내게 물었다.

"이 차가 얼마인 줄 아세요?"

"글쎄요."

"이 차, 2억이 넘어요. 아파트 한 채 값이죠."

자동차만 바뀐 것이 아니었다. 손목에는 롤렉스 금시계를 차고 있었고 최신형 휴대전화까지 모든 것이 고급스러웠다. 전국에 이마트 매장이 기하급수적으로 늘어나면서 B업체도 함께 승승장구하고 있었다. 그런 젊은 여사장님의 모습을 보면서 멋지다는 생각이 들었다. 해마다 성장하는 모습에서 적지 않은 자극을 받았다. 엉겁결에 BMW를 타보니 승차했을 때의 아늑함과 실내 분위기, 그리고 감미로운 클래식을 들으니 이상한 기분이 들었다. '아, 이 느낌은 뭐지?' 그것은 부의 느낌이었다. 그날 이후 BMW와 롤렉스 시계는 나의 버킷리스트에 올랐다. 내게 롤렉스 시계는 성공의 상징이었다.

사장님과 만난 후에 나는 처음으로 성공과 부에 관심을 갖고 관련 책들을 찾아보았다. '성공한 사람은 무엇이 다른가?' '전 세계의 부자는 어떤 사람들인가?' '그들의 철학은 무엇인가?' 등 책을 읽으며 성공한 부자들에 대해 자연스럽게 알게 되었다. 성공의 기운이 있는 사람들과 만나고 그런 사람들이 모이는 곳에 가면 자연스레 그들의 생활 습관과 정보를 접한다. 그리고 그들을 보며 동기부여를 받는다. 그리고 성공하는 사람들은 하나같이 꿈을 꾸고 상상하며 자신의 생각을 실행에 옮기면서 신념을 갖고 사는 사람들이라는 것을 다시 한 번 깨달았다.

『지금 당장 롤렉스 시계를 사라』의 저자 사토 도미오는 그의 책에서 이렇게 서술한다.

"시계를 단순히 시간을 알려주는 기계로 여기는 사람은 저렴한 시계도 많은데 굳이 비싼 시계를 사는 것을 낭비라고 생각할 것이다. 사실 맞는 말이기는 하다. 하지만 나는 롤렉스 시계를 차고 있으면 혼자 컴퓨터를 할 때조차 이상할 정도로 즐겁다. 설령 아직 손에 넣지 못했더라도 '저 시계를 갖고 싶다.'라고 생각할 때는 그 시계와 어울릴 만한 일을 하고 있었고, 실제로 수중에 넣었을 때는 그 수준을 능가할 만한 수입을 벌어들이고 있었다."

바로 롤렉스 시계를 갖고 싶다는 욕망이 부자를 만들어주는 원동력이다. 욕망이 있고 꿈이 있으면 그에 걸맞는 사람이 되고 결국 부자가 되는 것이다. 얼핏 보면 낭비처럼 보이지만 그 속에는 보통 사람은 모르는 성공의 비밀이 숨어 있다.

세기의 부자였던 앤드루 카네기는 꿈을 현실로 바꾸기 위한 '부자 되는 비법'을 공개했다. 그가 말하는 '소망 달성을 위한 6가지 원칙'은 다음과 같다.

1. 원하는 돈의 액수를 명확하게 정한다.

2. 그 돈을 얻기 위해서 무엇을 할 것인가를 결정한다.

3. 그 돈이 내 손에 들어오는 날짜를 분명하게 정한다.

4. 그 돈을 벌기 위한 계획을 상세하게 세우고 즉시 행동에 들어 간다.

5. 위의 4가지 원칙을 종이에 적는다.

6. 종이에 적은 것을 매일 두 차례, 아침에 일어났을 때와 밤에 잠들기 전 큰 소리로 읽는다.

적고 말하는 것만으로도 앤드루 카네기는 손대는 사업마다 성공했고, 그 결과 막대한 부를 쌓을 수 있었다. 또한 카네기가 부자가 되어가는 과정을 지켜보았던 그의 친·인척들도 이 6가지 원칙을 실천했고 예외 없이 모두 억만장자가 되었다. 나는 앤드루 카네기가 말하는 6가지 비법에 하나를 더 소개하고 싶다.

바로 모든 것을 얻은 자신의 모습을 아주 구체적으로, 생생하게 그리며 '마치 이루어진 것처럼 행동하며 사는 것'이다. 그러면 어느새 성공해 있는 자신을 발견하게 될 것이다.

6만 평 정원,
아더&블루로즈 드림하우스

소나무 숲길을 거닐고 미래일기를 쓴다

일주일에 4시간 일하면서도
한 달에 일 년치 수입을 벌어들이고
돈과 시간의 자유를 누리는 사람,
뉴리치를 꿈꿔라!

이해원

다음은 '뉴리치 이해원의 미래일기'의 한 부분이다.

2020년 5월 26일, 날씨 맑고 쾌청함

수목원 입구 아더&블루로즈 드림하우스로 이사를 한 지 한 달이 지났다. 정원이 있는 아름다운 이층 집이다. 날마다 꿈꾸고 바라던 집으로 이사 온 기쁨에 아직도 흥분이 가시지 않는다. 커다란 반려견인 '사랑이'와 몸집이 작은 '땡큐'가 마당에서 뛰놀고 있고 남편의 애마가 된 '금빛열쇠'는 한가로이 풀을 뜯고 있다. 예쁜 정원이 있는 집에서 사는 상상을 매일 했는데 드디어 현실이 되었다.

다음 주에는 7년 전부터 후원하고 있는 캄보디아의 아이들 50명이 어엿한 대학생이 되어 제주를 방문한다. 우리 집에서 5명의 학생들에게 숙식을 제공하기로 했다. 아이들을 만날 생각에 가슴이 설레 아침 일찍 일어났다. 잠을 잘 자는 나를 항상 부러워하는 남편은 웬일로 이렇게 일찍 일어났냐고 묻는다.

창문 너머로 맑은 새소리가 들리고 신선한 공기와 꽃향기가 섞인 바람이 집 안으로 들어와 머리가 맑아진다. 잔잔하게 흐르는 모차르트의 피아노 소나타를 들으며 갓 구운 토스트, 원두를 볶아 직접 내린 커피, 사과 반쪽으로 간단하게 아침을 먹고 남편과 함께 오늘도 수목원을 산책했다. 다음에 집필할 원고를 구상하기에 수목원만큼 좋은 산책로는 없다. 아직은 초여름이지만 봄바람을 타고 재스민 향기가 코끝에 와 닿는다.

오름 정상으로 향하는 길목에서 눈이 까만 노루 한 쌍을 만났다. 수목원에서 노루나 꿩, 그리고 다람쥐를 만나는 것은 자연스러운 일이다. 플라워몰 성공스토리를 담은 책 『300만 원으로 꽃집 창업, 10년 만에 빌딩을 짓다』가 밀리언셀러가 되었다. 이제 플라워몰은 명실공히 대한민국 명품 꽃배달 대표 브랜드가 되었고, 나는 밀리언셀러 작가이자 행복한 자유인, 뉴리치가 되었다.

정말 감사하다. 그리고 행복하다. (…)

가끔 미래일기를 쓴다. 일기를 쓸 때는 정말 행복하고 마치 꿈꾸었던 모든 것이 이루어진 것 같아 기분이 좋다. 미래일기를 쓰는 것은 성공한 사람들의 절대적인 습관 중 하나다. 목표나 계획을 세우고 나서 미래일기에 그것들이 이루어진 것처럼 적어본다. 그러면 기적처럼 실제로 하나씩 이루어지는 경험을 할 수 있다. 물론 내가 생각한 모든 것이 다 이루어지지는 않았지만 이루어지고 있는 과정이라고 생각한다. 이 글을 읽는 분들에게도 미래일기를 써보라고 권하고 싶다.

강헌구 교수는 미래일기를 쓰는 4가지 방법을 그의 책 『가슴 뛰는 삶』에서 이렇게 알려준다.

첫째, 시간과 장소가 구체적으로 나타나야 한다.
둘째, 소리와 냄새, 색깔과 감촉 등을 자세히 묘사해야 한다.
셋째, 자신의 직업, 구체적인 직위나 역할을 표현해야 한다.
넷째, 새벽·오전·점심 식사·오후·저녁 식사·밤 시간을 구분해서 활동 내용을 최대한 상세하게 적는 것이 좋다.

우리나라에서 제주도만큼 살기 좋은 곳은 없다. 그런 의미에서 제주에 살고 있는 우리 부부는 정말 운이 좋은 것 같다. 게다가 언제라도 작은 오름에 올라 바다를 볼 수 있고 가볍게 산책도 할 수 있는 수목원 주변에 사는 것은 그야말로 축복이다.

중국에는 "하루가 행복하려면 술을 마시고, 일주일이 행복하려면 돼지고기를 먹고, 한 달이 행복하려면 결혼을 하고, 평생이 행복하려면 정원사가 돼라."라는 속담이 있다. 이는 술과 맛있는 음식, 신혼 생활 등은 일시적인 쾌락이지만 나무나 식물을 가꾸면서 꽃이 피고 열매 맺는 것을 보는 기쁨은 해마다 계속된다는 의미다. 자연이 주는 기쁨이야말로 인류에게 가장 즐겁고 편안한 안식처임을 말해준다.

우리 집에서 10분 정도 거리에 한라수목원이 있다. 야생화 정원, 화목원, 교목원, 관목원, 죽림원, 희귀식물원, 수생식물원 등과 제주의 자생식물, 아열대식물 등 990여 종의 식물들이 식재되어 전시하고 있다. 산책을 하다가 지인을 만나 수다를 떠는 것은 일상의 소소한 기쁨 중 하나이고, 어떤 날은 시장님이나 도지사님을, 또 어떤 날은 전지훈련중인 마라톤 선수 이봉주를 만나기도 한다. 그 밖에도 수목원이 좋은 이유는 셀 수 없이 많다. 그 중에서도 한라수목원을 특별히 좋아하는 이유가 3가지 있다.

첫째, 일 년 내내 지지 않는 꽃과 나무들이다. 휴게실에서 커피를 마시며 창밖을 바라보면 마치 내 집 정원에서 바라보는 것 같이 편안하고 행복하다. 눈이 펑펑 내리는 겨울날 하얀 애기동백이 피어 있는 모습은 사랑스럽고, 봄의 전령인 제주수선화는 혼미할 정도로 로맨틱한 향기를 뿜어낸다. 4월이면 달빛에 만개한 왕벚꽃 나무가 환상적이어서 밤늦도록 꽃놀이를 즐기기에도 좋다. 장미꽃, 산철쭉, 자목련, 라일락, 조팝나무, 재스민 등 꽃들의 향연이 여름부터 가을까지 이어진다. 그야말로 사랑스런 꽃들로 가득한 천국이다. 어떤 날은 연꽃이 만발한 연못 속에서 자라가 머리를 내밀고 올라오고, 가끔 희귀한 두루미도 볼 수 있다.

둘째, 연꽃이 가득한 연못과 피톤치드가 마구 뿜어져 나오는 명품 소나무 숲길이다. 물에서는 머리를 맑게 해주는 음이온이 많이 나온다. 그래서인지 수목원 연못 옆에 있는 벤치에 앉아 책을 읽거나 사색을 하면 집중이 잘되고 기발한 아이디어가 마구 떠오른다. 소나무 숲길에 들어서면 아름드리 자란 소나무에서 뿜어져 나오는 솔향기와 피톤치드로 머리가 상쾌해진다. 컨디션이 안 좋은 날도 숲길을 걸으면 숲의 기운으로 몸과 마음이 깨끗하게 회복되는 것을 느낄 수 있다.

셋째, 수목원의 백미, 광이 오름이다. 광이 오름은 수목원의 작은 오름으로 산책로의 산등성이를 따라 오르면 정상에 다다를 수 있다. 정상에서 남쪽으로는 멀리 한라산이 보이고 북쪽으로는 제주 시내의 풍경과 시원한 바다가 한눈에 들어온다. 아무리 무더운 여름이라도 산 위에서 부는 바람을 맞으면 마음속까지 시원해진다.

이런 수목원이 미래일기에서의 우리 집 정원이다. 월급을 주지 않아도 나라에서 정원사들을 고용해 관리해주고 사시사철 꽃이 피는 아름다운 정원, 그런 수목원 옆에 집을 짓고 가족들과 행복하게 사는 것이 나의 꿈이다.

대문을 열고 집을 나서면 6만 평의 정원, 수목원이 눈앞에 펼쳐진다. 아침저녁으로 소나무 숲길을 산책하고 오름을 오른다. 좋아하는 책들을 마음껏 읽고 책을 써서 그간의 경험과 생각, 그리고 지식과 정보를 나누는 공간 '아더&블루로즈 드림하우스'를 짓는다. 생각만 해도 가슴이 뛰고 하루 종일 기분이 좋다.

뉴리치란 『4시간』의 저자 티모시 페리스가 소개한 것으로 '일주일에 4시간만 일하면서도 한 달에 일 년치 수입을 벌면서 경제와 시간의 자유를 누리는 사람'이다. 뉴리치는 은퇴할 때까지 기다리지 않고 화폐와 시간과 기동성을 이용해 현 시점에서 화려한 라이프 스타일을 창조한다.

나는 누구에게나 세상에 온 목적과 소명이 있다고 생각한다. 그동안 남편과 함께 플라워몰을 운영하면서 대한민국 명품 브랜드, 일등 꽃집을 만들었다면 이제부터는 뉴리치 메신저의 삶을 살면서 신이 주신 나의 소명을 실천하는 삶, 설레는 마음으로 아침에 일어나 숲 속의 맑은 공기를 마시며 가슴 뛰는 삶을 행복하게 살아갈 것이다.

오늘도 나는 진정한 자유인 뉴리치를 꿈꾼다.

『300만 원으로 꽃집 창업, 10년 만에 빌딩을 짓다』 저자와의 인터뷰

Q. 『300만 원으로 꽃집 창업, 10년 만에 빌딩을 짓다』에 대해 소개해주시고 이 책을 통해 독자들에게 전하고 싶은 메시지를 말씀해주세요.

A. 자영업을 하는 사람들은 보통 자기 건물에서 장사를 하는 것이 꿈입니다. 이 책은 그런 꿈을 갖고 꽃에 전혀 문외한이었던 저희 부부가 전 재산 300만 원으로 꽃집을 창업해 10년 만에 빌딩을 짓게 된 이야기입니다. 처음에는 제주의 소소한 이야기를 글로 쓰고 싶다는 작은 소망에서 시작되었습니다. 그런데 실전에서 터득한 노하우와 진솔한 경험들을 독자들에게 이야기하는 것이 책을 쓰는 작가의 의무와 책임이라고 생각했습

니다. 그동안 한 번도 이야기하지 않았던 사업 노하우와 절망과 시련을 극복하고 재기한 제주에서의 스토리를 생생하게 풀어놓았습니다. 이 책을 통해 무엇인가 새로 시작하는 독자들에게 이렇게 말하고 싶습니다. "정말 필요한 것은 자본이 아니라 신념입니다. 할 수 있다는 신념만 있으면 내가 이루고 싶은 것을 이루어나갈 수 있습니다."

Q. 중대한 결정을 내릴 때 가족, 특히 부모님을 설득하는 것이 가장 힘든 부분인데 어떻게 설득하셨나요?

A. 서울에서 제주도로 무일푼이 된 지금의 남편을 따라 내려올 때, 부모님을 설득할 자신이 없어서 무작정 내려왔습니다. 제주도로 내려오면서 한 가지 굳은 다짐을 했습니다. 지금 행동에 대해서는 절대 후회하지 않겠다고, 선택에 대한 책임은 모두 저에게 있다고 스스로에게 말했어요. 그랬기 때문에 더욱 치열하게 살 수 있었던 것 같습니다. 지금도 큰 결정을 내릴 때는 스스로 생각하고 결정을 합니다. 왜냐하면 인생의 주인은 '나 자신'이니까요!

Q. 많은 지역 중에서 제주도를 정착지로 선택하게 된 이유는 무엇인가요?

A. 남편이 서울에서 사업에 실패하고 미국으로 가려고 공항에 도착했는데, 여권 유효기간이 지나 있었습니다. 어차피 바다

건너 갈 거라면 영어도 잘 못하니, 미국보다 제주도가 좋을 것
이라 생각했어요. "일단 가고 보자." 하고 무작정 내려왔지요.
막상 와서 살아보니 우리나라에서 제주도만큼 살기 좋은 곳이
없는 것 같아요. 지금은 제주에 정말 잘 왔다고 생각합니다.

Q. 낯선 지역에서 무언가를 시작하는 것은 힘든 일입니다. 특히 제주도는
텃세가 세기로 유명한데 어떻게 극복하셨나요?

A. 제주도 사람들은 말투와 표정이 무뚝뚝하지만 알고 보면 정
말 정이 많고 순박한 분들입니다. 조천에서 꽃집을 운영할 때
주인집 아저씨는 집 지을 돈만 번다면 집 지을 땅도 주시겠
다며 열심히 하라고 하셨어요. 서울이라면 상상도 할 수 없는
일이지요.

처음에 꽃집을 시작한 곳은 제주도에서도 가장 텃세가 세기
로 유명한 조천이라는 마을이었습니다. 남편의 성격이 워낙
활달하고 외향적이어서 사람들과 관계 맺는 것을 좋아합니
다. 그래서 동네 경조사에는 빠지지 않고 다녔지요. 친구들도
많이 사귀었고요. 그랬더니 마을 사람들도 우리를 인정해주
었고 꽃집에 많은 사람들이 찾아오게 되었습니다.

"바쁜 꿀벌은 슬퍼할 겨를이 없다."라는 말이 있습니다. 꽃집
을 창업하고 바로 다음 날부터 돈이 들어오지 않으면 굶어 죽
을 지경이었어요. 절실함이 있다 보니 앞만 보고 달려가게 된

것이지요. 제주도에서 텃세를 극복할 수 있었던 것은 마을 사람들과 희로애락을 함께하며 친분을 맺고 소통했기 때문이라고 생각합니다.

Q. 우리는 결정을 내려야 할 때 고민만 하다가 흐지부지되는 경우가 많습니다. 이럴 때 가장 필요한 것은 무엇인가요?

A. 결정을 내릴 때 가장 필요한 것은 자신의 비전과 목표라고 생각합니다. 자신의 비전과 목표가 무엇인지 명확히 정립되어 있지 않으면 우리는 쉽게 결정을 내리지 못합니다. 자신의 비전과 목표가 무엇인지 명확하게 정립해보시길 바랍니다. 그리고 그 일이 자신의 비전에 얼마나 부합하는 일인지 생각해 보세요. 자신의 꿈과 비전이 무엇인지 명확하게 알고 있다면 보다 빠른 결정을 내릴 수 있을 것입니다.

Q. 성공하기까지 많은 사건과 사고가 있었을 텐데, 가장 기억에 남는 일이 있다면 어떤 일인가요?

A. 가장 기억에 남은 것은 세무조사였습니다. 어느 날 부모님과 제주도 관광을 하고 있었는데 세무서 직원한테서 전화가 왔어요. 세무조사를 나왔으니 모든 것을 중단하고 당장 사무실로 들어오라고 하더군요. 갑자기 들이닥친 9일 동안의 세무조사 기간은 정말 피를 말리는 시간이었습니다. '세무조사' 하

면 '세금폭탄'이라는 고정관념이 있잖아요. 당시 사업이 매우 힘들었기 때문에 과징금이라도 나오면 자금 압박으로 망할 수도 있다는 생각에 밤을 하얗게 지새웠답니다. 마음 고생이 심했지요. 다행히 예전 회계사 특강에서 5년 동안의 영수증은 잘 챙겨두라는 말을 듣고 자료를 잘 정리해두었던 것이 많은 도움이 되었습니다. 성실하게 세무조사에 협조했고, 추징금 없이 세무조사는 잘 마무리되었답니다.

Q. 부부가 같이 일을 하다 보면 갈등도 많이 있었을 것 같습니다. 어떻게 화해하고 극복하셨나요?

A. 저는 부부가 함께 사업을 한다는 사람이 있으면 극구 말리는 편입니다. 정말 힘든 일이 많기 때문이지요. 저희 부부도 우스갯소리로 국지전부터 시작해서 한국전쟁, 세계대전, 공중전까지 모두 겪으면서 사업을 해왔습니다. 가끔 핵전쟁이나 시한폭탄이 터지기도 합니다. 부부싸움을 한 날은 제주도를 떠나고 싶을 정도였습니다. 그런데 섬이라는 제주도의 환경적 특성으로 쉽게 비행기를 탈 수 없었지요. 결국 화해하고 다시 힘을 합쳐 열심히 하는 수밖에 없었습니다. 물론 둘 다 갈 곳도, 기댈 곳도 없었기 때문이기도 합니다. 그리고 딸 서진이가 우리 부부에게는 엄청난 끈이 되었던 것 같아요.

Q. 시간이 부족할 정도로 바쁘게 일하시면서 자녀 교육도 잘하셨습니다. 그 비결이 무엇인가요?

A. 꽃집을 창업하고 부족한 것이 많아 제주대학교 경영학과에 야간으로 입학했습니다. 그때부터 5살 딸과 함께 학교에 가는 날이 많았어요. 야간 수업이 저녁 6시 30분에 시작해서 밤 10시가 되어야 끝났는데, 딸은 4시간 동안 엄마와 함께 수업을 듣다가 잠들곤 했습니다. 늘 엄마가 공부하고 책을 보는 모습을 본 것이 산교육이 된 것 같아요. 그리고 하지 않으면 안 될 수밖에 없는 상황이었기 때문에 스스로 찾아서 하는 방법을 체득하게 된 것이지요.

제가 돌봐줄 시간이 없었기 때문에 무조건 학원에 보냈습니다. 초등학교 2학년 때부터는 같은 영어학원에 중학교 3학년 때까지 계속 보냈어요. 그래서인지 영어 성적은 늘 100점이었습니다. 현재 외국어고등학교에 재학중인 딸 서진이는 결정할 상황에서 스스로 잘 선택할 줄 알아요. 한 번도 공부하라고는 해본 적이 없었습니다.

Q. 진로에 대해 고민하고 있는 젊은 청춘들에게 한 말씀 부탁드립니다.

A. 내가 하고 싶은 일이 정말 무엇인지 충분히 고민하는 시간이 필요합니다. 정말 하고 싶은 일을 하세요. 최종적인 목표 설정을 위해 종이에 10가지를 적은 후, 하나씩 지워가며 마지막

남은 것이 무엇인지 보시기 바랍니다. 그것이 진정 내가 하고 싶은 일인지…. 하고 싶은 일이 있다는 것은 내 안에 그것을 할 수 있는 '재능'과 '능력'이 내재되어 있음을 의미합니다. '준비'를 잘하고 있으면 언젠가 '기회'가 오고, 자기가 '원하는 일'을 할 수 있게 됩니다. 그러니 하고 싶은 일을 하십시오!

Q. 현재 자기 일을 하고 있거나 준비중인 사람들에게 힘이 되는 조언 부탁드립니다.

A. 용기와 신념을 갖고 도전하시기 바랍니다. 이루어진다는 '신념'만 있다면 내가 원하는 세상을 만들어갈 수 있습니다. 내가 원하는 세상은 내가 만들어가는 것입니다. 그리고 지속적으로 열정을 유지하기 위해서 성공과 관련된 서적을 늘 곁에 두고 읽으라고 말하고 싶습니다. 어떤 일에 부딪칠 때 책에서 길을 찾으시길 바랍니다. 한 권의 좋은 책은 자신을 이끌어주는 멘토이며, 한 사람의 인생을 바꾸기도 합니다.